오늘부터
내가 결정합니다

일러두기

독자들의 이해를 돕기 위해 1엔을 10원으로 환산하여 표기하였다.

NAKANAKA JIBUN DE KIMERARENAI HITO NO TAMENO "KIMERU" GIJYUTSU
by Taketomo Yagyu
Copyright © 2019 by Taketomo Yagyu
Original Japanese edition published by Discover 21, Inc., Tokyo, Japan
Korean edition published by arrangement with Discover 21, Inc.
through Korea Copyright Center Inc.

오늘부터
내가 결정합니다

프로 결정러가 되기 위한 41가지 핵 팁

야규 다케토모 지음 김윤경 옮김

결정하러
가즈아~

구층책방

빠르게 올바른 결정을 하면
일도 인생도
성공할 수 있다!

당신은 어떤 일을 빠르게 결정하는 편인가, 아니면 선뜻 결정하지 못하는 편인가?

좀처럼 결정하지 못하던 사람도 아무 문제없다. 이 책을 읽고 나면, 빠르게 올바른 결정을 할 수 있을 것이다.

그리고 빠르고 자신 있게 결정하는 사람도 책을 덮지 말고 함께 생각해 보자.

'결정하다'의 진정한 의미는 무엇일까?

어쩌면 당신은 지금까지 스스로 결정했다고 생각만 했을 뿐, 사실은 결정하지 못한 것일 수도 있다.

당신은 '결정의 기준'을 정해 두고 있는가?

명확한 기준 없이 그때그때 적당히 결정했다면, 이제부터는 자신만의 결정 기준을 정해 보자.

당신이 하는 결정은 옳은 것인가?

결정하기는 했지만 그 결정이 결과적으로 잘못된 경우도 적지 않다. 이는 진정한 의미에서 '결정력'이 있다고 할 수 없다.

이 책은 당신이 망설이지 않고 '빠르게', '올바르게' 결정하여 인생의 목적을 이루도록 하는 데 있다.

인생의 목적은 사람마다 달라 행복일 수도, 성공일 수도 있으나 목적이 무엇이든 주저하지 않고 올바른 결정을 내릴 수 있다면, 인생을 자신이 원하는 방향으로 이끌어 행복해질 수 있고 성공할 수도 있다. 당신의 삶이 원하는 방향으로 나아갈 수 있도록 많은 사람들에게 전수하고, 나 또한 실천하고 있는 '결정의 비법'을 소개하려고 한다.

이 책에서는 결정의 방법뿐만 아니라 결정한 일을 계속하기 위한 비법, 그리고 그 앞에 기다리는 행복과 성공의 비결까지 언급하였다. 이러한 점에서 결정의 방법만을 다룬 도서들과는 달리, 빠르고 올바른 결정 방법과 그에 따르는 행복과 성공을 거머쥐는 방법까지 담아낸 책이라고 할 수 있다.

CHAPTER 1에서는
많은 사람이 선뜻 결정하지 못하는 이유를 설명한다. 만약 당신이 쉽게 결정을 내리지 못한다면 이 CHAPTER에서 원인을 찾아보자.

CHAPTER 2에서는
많은 사람이 착각하고 있는 '결정하다'의 진짜 의미를 알려 준다. 자신은 분명히 결정했다고 했지만 사실은 결정했다고 생각만 했을 뿐인지도 모른다.

CHAPTER 3에서는
어떤 일을 빠르고 올바르게 결정하는 비법을 소개한다. 이 비법만 알면 더 이상 우물쭈물하지 않고 자신 있게 결정을 내릴 수 있다.

CHAPTER 4에서는
결단력을 높이는 습관에 대해 이야기한다. 하루하루의 소소한 노력이 쌓여서 결단력이 몰라보게 향상될 것이다.

CHAPTER 5에서는

결정한 일을 꾸준히 계속하는 비법을 알려 준다. 어떤 일을 하겠다고 결정했다면, 꾸준히 지속해야만 의미가 있다. 결심이 작심삼일作心三日로 흐지부지 끝나서 고민인 사람이라면 반드시 읽어 보기 바란다.

빠르고 올바르게 결정을 할 수 있게 되면 지금까지 무언가를 결정하느라 고민하던 시간을 줄일 수 있고, 그 시간을 훨씬 효과적으로 사용할 수 있다.

또한 결단력을 익히는 과정에서 자신의 가치관을 정리할 수 있어 자신을 새롭게 인식할 수 있으며, 가치관에 맞는 만족스러운 인생을 살아갈 수 있을 것이다.

이 책에서는 결정 방법의 비법을 실천해 성공한 사람을 '결단력이 있는 사람'이라고 부른다.

이제 당신도 '결단력이 있는 사람'으로 거듭나기 위한 첫걸음을 내디뎌 보자!

아규 다케토모

차례 C O N T E N T S

CHAPTER 2 결정한다는 것, 그 진정한 의미는?

CHAPTER 3 빠르고 올바르게 결정하는 비법

CHAPTER 4 결정력을 높이는 습관

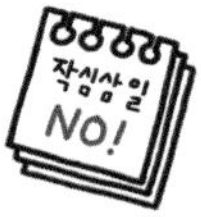
작심삼일
NO!

CHAPTER 5 결정한 일을 꾸준히 계속하는 비법

CHAPTER 1

자신 있게
결정하지
못하는 이유

결정
ㅎㄷㄷ

내 인생! or 내 인생?

생각 없이 인생을 살고 있다

자신의 인생을 스스로 경영한다

"당신은 경영자인가요?"

느닷없는 질문이지만 대답해 보자.

"아니요, 저는 경영자가 아닌데요."

다시 한 번 묻겠다.

"그렇다면 당신의 인생은 누가 경영하고 있나요?"

이런 질문에 대해 한 번도 생각해 본 적이 없거나, 별생각 없이 궁금하지 않은 사람도 많을 것이다.

경영이라고 하면 일반적으로 회사나 가게를 떠올리기 쉽다. 하지만 자신의 인생도 회사나 가게와 마찬가지로 제대로 경영하지 않으면 발전하지 못하고 꿈도 이룰 수 없다. 또한 경영에 실패하면 파산할 수도 있다.

그럼 당신의 인생을 경영하는 사람은 누구인가?

당신의 부모님일까, 당신이 다니는 학교의 선생님일까, 아니면 당신이 일하는 회사의 사장일까?

모두 아니다.

당신의 인생을 경영하는 사람은 바로 당신 자신이며, 자신이 인생의 경영자임을 깨닫는 일이 무엇보다 중요하다.

하지만 자기 인생의 경영자가 자신이라는 것을 깨닫기만 해서는 아무것도 달라지지 않는다. 왜냐하면 경영자가 해야 할 일이 무엇인지 알아야 경영자로서 행동할 수 있기 때문이다.

따라서 자신의 인생을 스스로 경영하려면 먼저 경영자가 무엇을 하는 사람인지 그 본질을 알아야 한다.

경영자가 해야 하는 일은 무엇일까?

어렵게 생각할 필요 없이 이해하기 쉽게 간단히 설명하겠다.

먼저 '일'이라는 단어를 정의해 보자.

'일'과 짝을 이루는 단어가 있는데, 바로 '작업'이다.

'작업'은 이미 결정된 행동이나 동작을 하는 것으로, 가령 A에 쌓여 있는 물건을 B로 옮겨야 할 때, 옮기고 또 옮기는 것처럼 이미 결정된 행동이나 동작을 반복하는 것이 '작업'이다.

반면에 '일'이란 이미 결정되어 있는 것이 아니라, 자신이 결정해서 움직이는 행동이나 동작을 의미한다.

이러한 '작업'과 '일'이 합쳐진 것이 회사의 '업무'다.

다시 말하면 '업무'에는 이미 결정되어 있는 '작업'과 자신이 결정해야 하는 '일'이 포함되어 있다.

하지만 대부분의 사람들은 작업, 일, 업무의 의미를 정확하게 정의하지 않고 혼동해서 사용하는 경우가 많다.

이제 작업과 일의 차이를 알았으니 질문을 하겠다.

회사에는 일반 사원부터 경영자까지 다양한 직급이 있는데, 일반 사원은 '작업'과 '일'의 비중이 어떻게 될까?

아마도 '작업'의 비중이 클 것이다.

그럼 일반 사원과 과장을 비교할 때 '일'의 비중이 큰 사람은 누구일까? 당연히 과장일 것이다. 과장과 부장을 비교하면 부장이, 부장과 경영자 중에서는 경영자가 '일'의 비중이 더욱 크다.

이처럼 회사에서 '일'의 비중이 가장 큰 사람은 당연히 경영자다.

앞에서 정의했듯이 '일은 자기 스스로 결정해서 움직이는 행동이나 동작'이므로 경영자는 한마디로 '결정'하는 사람이라고 할 수 있다.

그렇다면 매출 상승을 위해 1년에 한 번 결정하는 경영자와 1달에 한 번 결정하는 경영자, 그리고 1주일에 한 번 또는 날마다 결정하는 경영자가 있다고 할 때 누가 가장 좋은 실적을 낼까?

당연히 날마다 무언가를 결정하는 경영자일 것이다.

실제로 내가 컨설팅하는 기업 중에서 결정 횟수가 많은 경영자의 회사는 매출이 점점 상승했다.

그만큼 결정의 횟수나 양도 중요하고, 결정의 질을 높여가는 것도 중요하다.

경영자가 결정하는 양과 질에 따라 회사의 운명이 결정된다고 해도 과언이 아니다.

그런데 "바빠 죽겠어!"를 외치면서 '작업'에만 급급한 경영자도 있는데, 이는 본래 경영자가 해야 할 가장 중요한 일이 바로 '결정'을 하는 것이라는 사실을 놓치고 있다.

당신의 인생 또한 지금까지 당신이 한 결정의 양과 질이 만든 결과이고, 앞으로 할 결정의 양과 질에 따라 미래의 삶이 크게 달라진다.

지금껏 결정하기를 외면해 왔다면, 이제부터라도 이러한 사실을 마음속에 새겨 두고 모든 일을 결정해 보자.

Point

자신의 삶에 필요한 것은 '스스로 결정하고 행동하는 힘'이다.

고민해 봤자 퇴근만 늦어질 뿐!

나쁜 쪽으로만 생각한다

고민해도 소용없는 일은 생각하지 않는다

세상에는 이런저런 일로 고민하고 불안해하며 좀처럼 행동으로 옮기지 못하는 사람이 있다.

일례로 주변에서 호감이 가는 이성에게 '고백하고 싶지만 거절당하면 어쩌나?' 하는 생각에 쉽게 고백하지 못하는 경우를 흔히 볼 수 있다.

이러한 상황은 비즈니스를 할 때도 많이 나타난다.

'영업을 하러 갔는데 팔지 못하면 어쩌지?'

'일을 부탁했다가 거절당하면 어떡하지?'

'텔레마케팅을 하는 중에 상대가 전화를 끊어 버리면

어떡하지?'

'새로운 일을 시작했다가 실패하면 큰일이잖아!'

이처럼 '잘못되면 어떡하지?'라며 나쁜 결과만 상상하고 결과가 두려워 행동하지 못하는 사람이 많다.

그렇다면 많은 사람이 자신 있게 행동하지 못하는 이유는 무엇일까?

그것은 아무리 생각해도 뾰족한 수가 없는 일을 계속 고민하며 떨쳐 버리지 못하기 때문이다.

반면에 행동력이 있는 사람은 생각을 해 봐도 어쩔 수 없는 일을 붙잡고 있지 않는다.

'고백했다가 차이면 어떡하지?'

'영업 나가서 팔지 못하면 어쩌지?'라는 생각을 되풀이해서 성공할 확률이 높아진다면 의미가 있겠지만, 부정적인 생각에 사로잡혀 계속 고민해 봤자 성공 확률이 높아지지는 않는다.

이럴 때 행동력이 있는 사람은 그러한 생각을 해 봤지 소용없는 일이고, 오래 고민해도 별다른 방법이 없다는 것을 알고 있다. 또한 행동력이 있는 사람은 사물을 긍정적으로 보므로 '잘못되면 어쩌지?'가 아니라 '어떻게 하면 잘될까?'에 초점을 맞춘다.

point

부정적인 생각은 아무리 해도 성공 확률이 높아지지 않는다.

03

이봐, 친구
인생이란 새옹지마라네!

예측 불가 → 새옹지마

실패를 지나치게 두려워한다

인간사 새옹지마塞翁之馬라고 생각한다

앞에서 실패할까 두려워 선뜻 행동하지 못하는 사람의 이야기를 했는데, 마찬가지로 실패가 두려워서 쉽사리 결정을 내리지 못하는 사람도 무척 많다. 하지만 어떤 결정이 실패할지, 성공할지는 아무도 모른다. 오히려 실패라고 생각했던 결정이 나중에 좋은 결과를 가져오기도 한다.

'인간사 새옹지마'라는 고사성어가 있다.

옛날 중국에 점을 잘 치는 노인이 살고 있었다. 어느 날 노인이 키우던 말이 도망치자 사람들은 위로의 말을 건넸다. 그러나 노인은 아쉬워하는 기색 없이 "이 일이 행운이 될 수도 있지요."라고 말했다.

얼마 뒤, 도망쳤던 말이 멋진 야생말 한 마리와 함께 돌아왔다. 이웃 사람들이 축하의 말을 하자, 노인은 "이 일이 화를 부르게 될지도 모른다오."라고 대답했다.

이 일이 있고 얼마 지나지 않아, 노인의 아들이 그 말을 타다가 떨어져 다리가 부러졌다. 병문안을 온 사람들에게 노인은 "이 일이 행복의 원천이 될 수도 있잖소!"라고 말했다.

그로부터 1년 뒤, 다른 나라와 전쟁이 벌어져 젊은이들 모두 전쟁터에 나가게 되었고, 노인의 아들 친구들도 전쟁터에 나가 대부분 전사했다. 하지만 다리를 다친 노인의 아들은 전쟁터에 나가지 못해 무사했다.

이렇듯 노인이 키우던 말은 복福에서 화禍를, 다시 화禍에서 복福을 가져와 노인의 운명에 변화를 주었다.

우리의 인생에서도 이러한 일은 자주 일어난다.

"마음이 끌리는 이성에게 고백했다가 거절당했지만, 그 덕에 더 좋은 사람을 만나게 되었다." 또는 "일을 하다가 실수하는 바람에 다른 부서로 발령이 났는데, 오히려 천직을 만나게 되었다." 같은 이야기를 심심치 않게 들을 수 있다.

인생이란 무엇이 어떻게 될지 예측할 수 없다. 이미 일어난 과거의 사실도 어떤 사고방식으로, 어떻게 인지하느냐에 따라 한순간에 좋은 일이 될 수도 있고, 나쁜 일이 될 수도 있다.

결단력이 있는 사람은 이 사실을 잘 알고 있으므로 결정을 내린 뒤의 결과에 일희일비一喜一悲하지 않는다. 자신에게 일어난 일을 받아들이고 그때마다 최선이라고 생각하는 결정을 반복할 뿐이다.

인생은 결정의 연속이다.

미래를 예측하는 것은 불가능하므로 그 시점에서 최선이라고 믿는 쪽으로 결정하면서 나아갈 수밖에 없다.

그러나 한번 결정한 것이 절대적인 것은 아니므로 상황과 환경이 바뀌면 그에 맞추어 수정해야 하며, 얼마든지 바꿀 수도 있다.

이 사실을 알고 있으면, 실패를 두려워하지 않고 자신 있게 '결정'을 할 수 있다.

Point

실패라고 생각했던 일이 좋은 결과로 이어지기도 한다.

04

김밥 3,500   돈가스 8,000
라면 4,000   순두부 7,000
우동 5,000   볶음밥 7,500

어이, 고민남!
주문할겨 말겨?

김밥과 라면
주세요.

이것 저것 욕심내면 못 먹기 십상!

이것저것 다 욕심낸다

하나를 선택했으면 다른 선택지는 버린다

점심에 무엇을 먹을지 쉽게 정하지 못하고 고민한 경험은 누구에게나 있을 것이다. 특히 식당가에 가면 한식, 일식, 중식, 분식 등 음식점도 다양하고, 메뉴도 여러 가지여서 한 가지를 결정하기가 쉽지 않다.

이렇게 망설이는 이유는 선택지, 즉 정보가 많기 때문이다. 선택지와 정보가 많으면 다 좋아 보여 선뜻 하나를 고르기 쉽지 않고, 선택지가 많다는 것은 바꾸어 말해 버릴 수 없다는 뜻이기도 하다. 결정을 잘하지 못하는 사람은 결국 버리지 못하는 것이다.

일을 할 때도 마찬가지다.

자신이 능력 있다고 생각하는 사람은 여러 가지 일을 할 수 있다고 생각하여 한 가지만 골라서 하려고 하지 않는다.

하지만 생각해 보자.

운동 신경이 굉장히 좋은 사람이라도 야구 선수와 축구 선수, 그리고 농구 선수가 되고 싶다고 해서 실제로 세 가지 분야에서 프로 선수가 될 수 있을까?

미국 NBA에서 농구의 신으로 불리며 활약하던 마이클 조던이 야구에 도전한 적이 있지만, 제대로 된 성과를 내지 못했다.

이처럼 이것저것 욕심내면 좋은 결과를 내기보다는 오히려 모두 어중간한 채로 끝나기 십상이다.

무엇을 할지 결정하지 못하고 우물쭈물하는 동안 시간은 흘러가고, 체력마저 고갈되거나 더 능력 있는 경쟁자가 나타나, 가까스로 결정을 내렸을 때는 이미 기회가 물 건너갔을 수도 있다.

최고의 선수는 처음부터 한 가지 종목을 정해 집중해서 훈련한다.

결정을 잘하는 사람은 쓸데없는 것을 생각하느라 시간을 허비하지 않으며, 욕심내지 않고 한 가지만 선택한 뒤 나머지 선택지는 과감히 버린다.

'결정하는 힘'은 곧 '버리는 힘'이라고 해도 과언이 아니다. 그러므로 '결정하다'는 과감히 '버릴 수 있느냐'의 문제이다.

point

무엇인가를 결정하는 것은, 곧 무엇인가를 버리는 것이다.

05

직장에서 잘리기 0순위!

세상의 규칙을 모른다

세상의 규칙과 그 이치^{理致}를 안다

몸이 피곤한 상태에서 위층으로 올라가는 에스컬레이터를 타려고 할 때 에스컬레이터의 오른쪽과 왼쪽 중 어느 쪽에 서겠는가? 아마도 대부분은 망설임 없이 가만히 서서 올라갈 수 있는 쪽에 설 것이다. 그래야 걸어 올라가지 않아도 된다는 규칙을 알고 있기 때문이다.

세상에는 이러한 규칙이 수없이 존재한다.

'상사와 함께 택시를 탈 때는 어느 쪽에 앉아야 하는가?', '서양 음식의 코스 요리를 먹을 때 포크와 나이프 중에서 어느 것부터 사용해야 하나?' 등의 다양한 규칙을 알면 망설이지 않고 행동할 수 있는 일이 많다. 그러므로 세상의 규칙을 많이 알고 있는 사람일수록 신속하고 올바른 결정을 내릴 수 있다.

또한 자기 스스로 규칙과 판단 기준을 세운 사람은 주저하지 않고 재빠르게 결정을 할 수 있지만, 세상의 규칙을 모르거나 자신의 판단 기준을 세우지 못한 사람은 어떤 일을 결정할 때 쉽게 판단할 수 없어 망설이게 된다.

그러나 세상의 규칙을 알거나, 판단 기준을 세우고 결정할 때도 유의해야 할 점이 있는데, 그것은 '규칙은 어디까지나 정보(지식)일 뿐'이라는 사실이다.

이 규칙들을 하나하나 다 기억할 수는 없다. 그렇다면 어떻게 해야 할까?

그것은 '왜 그럴까?' 하고 그 '이치'를 이해하면 된다.

즉, 규칙의 의미 또는 본질이라고 해도 좋다.

이를테면 '상사와 함께 택시를 탈 때 아랫사람이 조수석에 앉아야 한다.'라는 것은 정보다. 아랫사람은 운전기사에게 행선지를 알려 주거나, 택시비를 계산하는 등의 잡무를 해야 하는 경우가 많으므로 조수석에 앉아야 편하다는 것을 조금만 생각해 봐도 알 수 있다.

물론 일반적인 정보를 알기만 해도 처한 상황에 맞게 결정하고 행동할 수 있지만, 효과적으로 응용하기는 어렵다. 또한 자신이 겪어 본 적이 없는 상황에 처했을 때나 매뉴얼에 없는 돌발 상황이 벌어졌을 때는 당황하기 쉬우며, 곧바로 대응하지 못한다. 왜냐하면 그 일이 일어난 이치를 모르기 때문이다.

그러므로 많은 규칙을 기억하고 다양한 정보를 수집하는 일도 소홀히 해서는 안되지만, 올바른 결단을 내리는 데 가장 중요한 것은 규칙이 생겨난 의미와 본질을 이해하는 것이다.

Point

규칙과 정보를 아는 데 그치지 말고, 그 배경에 있는 이치를 이해해야 한다.

06

이집트에
왜 가려고?

스핑크스랑 수수께끼
대결하려고.

??

여행 목적이 단지 그것 때문?

목적이 애매하다

목적이 분명하다

목적이 명확하지 않아서 결정을 내리지 못하는 경우가 있다.

예를 들면 축구 선수가 되고 싶은지, 야구 선수가 되고 싶은지 확실히 정해야 그에 따라 훈련 방법이 달라진다. 그러므로 무엇이 되고 싶은지 분명하지 않으면, 그에 맞는 훈련을 하고 싶어도 어떤 훈련을 해야 할지 결정할 수가 없다.

공부도 마찬가지다. 의사가 되고 싶은지, 변호사가 되고 싶은지에 따라 공부해야 할 내용이 다르다. 무엇이 되고 싶은지 목적이 확실하지 않기 때문에 어느 대학에 갈지 결정을 못하는 것이다.

일상생활에서 누구나 한 번쯤 생각해 봤을 다이어트도 그저 막연히 '날씬해지고 싶다.'거나 '다이어트를 해야겠다.'라고 생각하는 사람은 당장 실행할 행동을 결정하지 못한다.

무엇을 위해 다이어트를 할 것인지 목적이 확실하지 않기 때문이다.

그러므로 다이어트를 하겠다고 마음먹었다 해도, 언제까지 몇 킬로그램을 줄이겠다는 목표를 정확하게 정하지 않으면 어떤 방법으로 다이어트를 해야 좋을지 결정하기 힘들다. 더구나 목표는 목적을 달성하기 위한 과정이므로, 목적이 정확하지 않으면 목표도 정할 수 없다.

일도 마찬가지다. 텔레마케팅을 위한 전화를 할 때도 목적이 막연하면, 그 자리에서 계약을 이끌어 내기 위한 대화를 해야 할지, 아니면 일단 만날 약속을 정하기 위한 대화를 해야 할지 확실하지 않다. 반면에 전화를 거는 목적이 정확하면 대화의 내용은 저절로 결정된다.

무엇인가를 결정하는 데는 목적이 매우 중요하다.

목적이 명확하면 그 목적에 맞는지 아닌지를 가늠해 보고, 옳은 결정인지 판단할 수 있기 때문이다.

반대로, 목적이 명확하지 않으면 판단할 기준이 없기 때문에 중요한 결정을 하지 못한다.

당신은 목적을 정확하게 인식하고 있는가?

Point

목적이 명확하면, 결정도 수월하다.

re view

- 자신의 삶에 필요한 것은

  '스스로 결정하고 행동하는 힘'이다.

- 부정적인 생각은 아무리 해도

  성공 확률이 높아지지 않는다.

- 실패라고 생각한 일이

  좋은 결과로 이어지기도 한다.

- 무엇인가를 결정하는 것은,

  곧 무엇인가를 버리는 것이다.

- 규칙과 정보를 아는 데 그치지 말고,

  그 배경에 있는 이치를 이해해야 한다.

- 목적이 명확하면,

  결정도 수월하다.

CHAPTER 2

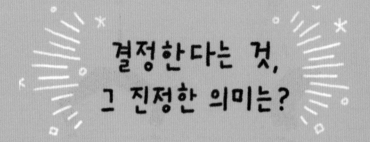

결정한다는 것,
그 진정한 의미는?

01

결정을 미룬다

지금, 이 순간을 소중히 한다

'결정하다'는 어떤 의미일까?

지금, 당신은 이 책을 읽고 있으며, '이 책을 읽겠다.'라고 결정한 사람은 바로 당신이다. 정신을 차리고 보니 자신도 모르게 책을 사서 읽고 있는 사람은 없을 것이다. 당신이 이 책을 읽고 있는 지금, 이 순간이 존재하는 것은 과거의 어느 한순간에 당신이 이 책을 읽겠다고 결정했기 때문이다. 누군가의 권유로 읽는다고 해도 읽기로 결정한 사람은 당신이다.

읽겠다고 결정한 것은 과거의 어느 한순간이다. 과거의

어떤 순간에 이 책을 읽겠다고 결정했기에 지금 이 순간이 생긴 것이다.

그리고 이 책을 읽고 자극을 받아 '좋았어! 나도 해 보자' 하고 지금 이 순간에 무엇인가를 결정할 수도 있다.

이는 지금 결정한 일이 미래에 일어나는 순간이 온다는 것을 뜻한다.

인생도 일도 '순간'과 '순간'이 과거에서 미래로 이어져 있을 뿐이다. 그리고 그 순간에 무엇을 결정하고, 무엇을 결정하지 않았느냐에 따라 인생도 일도 서로 다른 방향으로 나아간다.

이때 과거의 순간은 더 이상 존재하지 않으며, 미래의 순간은 아직 존재하지 않는다. 존재하는 것은 바로 지금, 이 순간뿐이다.

그러므로 지금, 이 순간을 깊이 의식하는 것이 중요하나, 이러한 사실을 의식하고 있는 사람은 생각처럼 많지 않다. 실제로 내가 컨설팅을 담당하고 있는 회사의 경영자들 중에서도 지금, 이 순간의 중요성을 깊이 인식하시 못하고 결정을 뒤로 미루는 사람이 있었다.

당신은 어떠한가?

결정하는 것을 뒤로 미루고 있지는 않는가?

'결정한다'는 것은 지금, 이 순간에 무엇인가를 결단하는 일이다. 그리고 지금, 이 순간 결정한 일이 당신의 미래를 만든다.

Point

지금, 이 순간에 결정한 일이 당신의 미래를 만든다.

02

편의점 가니?

데이트하러...

되는대로 입으면 되는대로 인생!

되는대로 결정한다

사소한 일도 자신의 의지로 결정한다

당신은 하루에 몇 번이나 결단을 내리는가?

결단이라고 하면 거창하게 들릴지 모르지만, 아침에 일어나서 잠자리에 들 때까지 우리는 수많은 결정을 하게 된다. '아침은 무엇을 먹지?', '어떤 옷을 입고 나갈까?', '어떤 음악을 들을까?', '몇 시에 전철을 탈까?' 등 크고 작은 결정을 하루에 2만 번 정도 한다고 할 수 있다. 3, 4초 정도에 한 번꼴로 무엇인가를 결정하는 것이다.

결정 장애가 있거나 결정하는 일이 고역이라고 생각하는 사람도 3, 4초 정도에 한 번씩은 무엇인가를 결정하고 있는 셈이다.

문제는 자신이 결정하고 있다는 사실을 인식하고 있느냐 아니냐이다.

다시 말해 결정을 잘하지 못하는 사람은 스스로 의식하며 결정하는 횟수가 적은 반면, 자신 있게 결정하는 사람은 모든 일은 아니더라도 많은 일을 스스로 의식해서 결정한다.

결단을 잘 내리는 사람은 항상 '자신이 결정하고 있다.'라는 사실을 인식하고 정확한 의사 결정을 하지만, 결정을 잘하지 못하는 사람은 확실하게 인식하지 못한 채 되는대로 결정하는 일이 많다.

인생은 과거에 자신이 무엇을 결정하고, 무엇을 선택했느냐에 따라 좌우된다. 그러므로 지금 당신의 인생이 순조롭다면 과거 당신의 결정이 옳았다는 의미이고, 반면에 지금 당신의 인생이 잘 풀리지 않는다면 과거 당신의 결정이 잘못되었다는 뜻이다.

하지만 괜찮다. 안심해도 좋다. 앞으로 올바른 결정 비법을 익혀서 옳은 결정을 내린다면, 인생은 얼마든지 달라질 수 있기 때문이다.

지금부터 바로잡아도 결코 늦지 않다.

올바르게 결정하는 비법은 CHAPTER 3부터 상세하게 설명할 것이다. 일단 이 CHAPTER에서는 '결정한다'는 것이 무엇인지, 어떤 의미를 갖는지 살펴보자.

Point

자신이 결정하고 있다는 사실을 인식하고 결정하면, 인생은 순조로울 것이다.

03

꿈에서 많이 결정해라.

꿈에서라도...

결정했다고 생각할 뿐이다

결정과 생각은 다르다

앞에서 사람은 3, 4초에 한 번꼴로 무엇인가를 결정한다고 했지만, 사실은 '결정했다'가 아니라 '결정했다고 생각하고 있을 뿐'인 경우가 많다.

혹시 이런 경험을 한 적은 없는가?

내일 오전에 반드시 제출해야 하는 기획서가 있다. 밤을 새워서 완성하려고 했지만, 졸음이 쏟아져 다음 날 새벽 4시에 일어나서 하겠다고 결정한 뒤, 알람 시계를 맞춰 놓고 잠자리에 들었는데, 눈을 떠 보니 평소에 일어나는 시간과 같은 7시라서 삼싹 놀라 마음 졸였던 기억이 한두 번쯤은 있을 것이다.

이런 경우에 당신은 새벽 4시에 일어나기로 결정했다고 말할 수 있을까?

'결과적으로 새벽 4시에 일어나지는 못했지만 결정한 건 맞지 않아?'라고 생각하는 사람도 있을 것이다. 하지만 이는 결정한 것이라고 할 수 없다. 단지 새벽 4시에 일어나 기획서를 써야겠다고 생각만 했을 뿐이다.

즉, '결정한 것'이 아니라 단지 '생각만 했을 뿐'이다.

이처럼 '결정하는 것'과 '생각하는 것'의 차이를 알지 못하고 결정했다고 믿는 사람이 의외로 무척 많다. 결정을 잘하지 못하는 사람은 분명히 이런 유형일 것이다.

앞에서 '무엇인가를 결정하는 것은 곧 무엇인가를 버리는 일'이라고 한 말을 생각해 보자.

새벽 4시에 일어나겠다고 결정한 사람이라면 무엇을 버려야 할까? 새벽 4시부터 7시까지 3시간의 수면 시간을 버려야 한다.

무엇인가를 결정할 때는, 무엇을 버려야 할지 확실하게 인식해야 한다.

다이어트를 하겠다고 결정했지만, 살이 전혀 빠지지 않았다. 자격증을 따겠다고 결정했지만, 아직도 취득하지 못했다. 영어 회화를 잘하겠다고 결정했지만, 영어로 말할 수 없다. 회사를 그만두고 창업하겠다고 결정하고서도 지금까지 회사를 다니며 미련을 가지고 있다.

이런 경험이 있는 사람은 '결정하다'와 '생각하다'의 차이를 알지 못하는 것이다. 이대로라면 이 사람들의 인생은 앞으로도 쭉 '어떠어떠하게 되고 싶다고 생각만 하는 인생'이 될 것이다.

당신이라면 정말 이대로 괜찮은가? 이대로라면 당신의 인생은 아무것도 달라지지 않는다. 만약 변화하고 싶다면 이 기회에 '결정했다고 생각하기'를 졸업하고, 진짜 '결정하는' 사람이 되어야 한다.

그렇다면 진짜로 '결정한다'라는 것은 무엇일까?
결정에는 행동이 따른다는 것이다. 즉, '결정하다'와 '행동하다'는 한쌍이다. 행동이 따라야 비로소 진짜 결정했다고 할 수 있다.

결정을 잘하는 사람은 이 사실을 잘 알고 있기 때문에 결정을 했으면 반드시 행동으로 옮긴다. 행동으로 옮기지 않는 사람은 결정했다고 생각만 하고 있는 상태다.

되풀이 해서 강조하지만 '결정하다'와 '결정했다고 생각하다'는 전혀 다르다.

이 차이를 인식하느냐 인식하지 못하느냐에 따라 이후의 인생이 달라진다고 해도 과언이 아니다.

Point

행동 없이 '결정했다'라고 생각만 한다면, 인생은 변하지 않는다.

04

아쉬운 돈가스 7,000 서운한 돈가스 7,000

미련의 돈가스 7,500 그리운 돈가스 7,500

눈물의 돈가스 7,000 억울한 비빔밥 7,000

돈가스 먹을 걸...

벅
벅

비빔밥이 무슨 죄냐!

버린 것에 미련을 둔다

버린 것은 돌아보지 않는다

결정한 것은 행동으로 옮겨야 한다고 했는데, 동시에 결정한다는 것은 무엇인가를 버리는 일이기도 하다.

예를 들어 오늘 점심으로 좋아하는 비빔밥과 돈가스 중 무엇을 먹을지 고민될 때 어떤 음식을 선택하겠는가?

무엇을 선택하든 상관없다. 다만, 비빔밥을 먹겠다고 결정했을 경우, 돈가스라는 선택지는 버렸다는 것을 인식하고 있느냐가 중요하다. '무엇을 선택했다'와 '무엇을 버렸다'가 별 차이 없다고 생각할지 모르지만, 사실은 매우 큰 차이가 있다는 것을 알아야 한다.

당신은 비빔밥을 먹으면서 '맞다! 돈가스도 먹고 싶었는데…….'라고 생각한 적은 없는가? 아마도 누구나 한 번쯤은 있었을 것이다. 하지만 비빔밥을 먹겠다고 선택하고서 '돈가스도 먹고 싶었는데…….'라고 생각한다면 지금 눈앞에 있는 비빔밥은 무엇이란 말인가!

눈앞에 비빔밥을 두고서 돈가스가 먹고 싶다는 생각을 떠올린다는 것은, 다른 이성에게 한눈을 파는 것이나 마찬가지인데 비빔밥 씨에게 실례가 아닐까!

이런 결정 방법이 바람직하다고 할 수 있을까?

비빔밥 씨에 대한 실례는 둘째 치고, 눈앞에 없는 돈가스를 생각하느라 모처럼 눈앞에 있는 비빔밥의 맛을 마음껏 즐기지 못할 가능성이 크고, 결국은 자신이 손해를 본다는 것이다.

이런 상황이 되지 않으려면 비빔밥을 먹기로 결정한 순간, 돈가스는 머릿속에서 완전히 지워 버려야 한다. 비빔밥을 선택하는 것과 동시에 돈가스를 완전히 잊어야 미련이 남지 않는다. 이렇게 되면 비빔밥에만 집중할 수 있어 비빔밥의 맛을 온전히 느낄 수 있다.

일도 마찬가지다.

A와 B, 두 상품 중 A를 사서 판매하기로 결정했다고 하자. 이때 결정을 잘하지 못하는 사람은 A를 사고도 계속 B를 떠올려 A를 판매하는 데 집중할 수 없다. 또한 'B를 사는게 더 좋았을까?'라고 선택하지 않은 B에 미련을 두면, A도 잘 팔지 못해 매출이 하락하고 만다.

반면에 결정을 잘하는 사람은 A를 팔겠다고 결정하면 머릿속에서 B는 싹 지워 버리고, A를 파는 데만 집중한다. 그 결과, A의 매출이 상승한다.

선택하지 않은 것에 미련을 갖고 있는 한, 진정한 의미에서 '결정했다'라고 할 수 없다. 다시 말하면 선택하지 않은 것은 머릿속에서 싹 지워 버리고, 선택한 것에 집중해야 진정한 의미에서 '결정했다'고 할 수 있다.

Point
'버린다'를 의식하지 않은 결정은 좋은 결정 방법이 아니다.

05

빠른 결정 = 빠른 회복

오래 생각한다

빠르게 결정한다

결정하는 일도 매우 중요하나, 요즘은 변화 속도가 굉장히 빠르기 때문에 결정도 신속하게 해야 한다. 현재의 변화 속도는 예전과 많이 다르다는 것을 누구나 알 수 있다. "10년이면 강산도 변한다."라는 말이 있지만 지금은 5년, 업계에 따라서는 1~2년 사이에 기술과 표준이 크게 바뀌는 경우가 많다. 이렇듯 빠르게 변화하는 시대의 흐름을 따라가지 못해 도산하는 기업이 많이 있으며, 기업인이나 직장인들도 변화의 속도를 따라가지 못하면 살아남기 어렵다.

현대 사회의 변화 속도가 빨라질수록 그에 맞추어 결정

해야 하는 일도 늘어날 뿐만 아니라, 동시에 빠르게 결정하지 않으면 뒤처지고 만다. 다시 말해 망설이지 않고 '빠르게' 결정하는 것이 무척 중요하다.

'빠르게 결정하다가 자칫 잘못된 판단을 내리거나 실패하는 것이 아닐까?' 하고 생각할 수 있다. 물론 그럴 수 있지만, 그래도 빨리 결정하는 편이 낫다.

빠르게 결정할 수 있는 사람은 실패를 한다고 해도 바로 다음 결단을 내릴 수 있으므로, 실패를 빠르게 만회할 수 있다.

처음부터 올바른 결정을 한다면 그보다 더 좋은 일이 없지만, 인간은 신이 아니므로, 결정한 일이 모두 옳을 수도 없고, 모두 성공할 수도 없다. 성공하는 일이 있으면 실패하는 일도 있기 마련이다. 당시에는 옳다고 생각해 결정한 일이지만 결과적으로는 실패할 수도 있다.

그러나 결단이 빠른 사람은 만회도 빠르기 때문에 전체적으로 보면 성공이라고 볼 수도 있다. 자세히 따져 보면 실패도 많겠지만 실패한 횟수 이상으로 성공이 더 많기 때문에 전체적으로는 긍정적인 결과를 얻을 수 있다.

많은 사람이 실패하지 않으려면 올바른 결정을 내려야한다고 믿고 있고, 그런 생각이 강한 사람일수록 섣불리결정하지 못하고 망설인다. 게다가 한 번 실패하면 크게낙담하며 악순환에 빠지고 만다. 자신 있게 결정하지 못하는 사람은 이런 유형이다.

반대로, 비록 실패하더라도 만회하기 위해 그다음의 수를 바로 결정하는 사람은, 즉시 대처한 덕분에 회복도 빠르다. 실제로 이런 사람이 세상을 잘 살아가기 마련이다.

실패하지 않아서 성공한 것이 아니라, 실패했을 때 얼마나 빠르게 다시 일어서느냐가 성공에 많은 영향을 끼친다. 자신 있게 결정하는 사람은 결정하는 속도도 빠르고,실패했을 때 재기도 빠르다.

Point

결정이 빠른 사람은 재기도 빠르다.

re
view

◉ 지금, 이 순간에 결정한 일이

당신의 미래를 만든다.

◉ 자신이 결정하고 있다는 사실을 인식해서 결정하면,

인생은 순조로울 것이다.

◉ 행동 없이 '결정했다'라고 생각만 한다면,

인생은 변하지 않는다.

◉ '버린다'를 의식하지 않은 결정은

좋은 결정 방법이 아니다.

◉ 결정이 빠른 사람은

재기도 빠르다.

CHAPTER 3

빠르고
올바르게
결정하는 비법

01

넘의 행복이 나의 행복인 줄 알고 따라갔더냐!

행복이 무엇인지 애매하다

행복이 무엇인지 정확히 안다

당신은 어떤 일을 결정하거나 선택할 때 '최종 목표는 도대체 무엇을 위한 것인가?'를 의식하고 있는가?

의외로 많은 사람들이 최종 목표를 그다지 의식하지 않는다.

그런데 세미나 등에서 "어떤 결정을 할 때의 최종 목표는 행복이나 성공이 아닌가요?"라고 질문하면 대부분의 사람이 "맞습니다."라고 대답한다.

이렇듯 사람은 행복해지기 위해서 또는 성공하기 위해서 무언가를 결정하고 있는 것이다.

그렇다면 "행복과 성공 중에서 어느 쪽을 선택하고 싶은가요?"라고 물었을 때는 어떤 대답을 할까?

많은 사람이 행복해지고 싶어하므로 '행복'이라고 대답하는 경우가 많다.

그런데 "행복과 성공의 차이는 무엇인가요?"라고 물으면 정확하게 설명하는 사람이 거의 없다.

"행복은 어렴풋하고, 성공은 반짝반짝하는 느낌이죠."

"행복은 정신적이고, 성공은 금전적, 물질적인 것이 아닐까요?"

"행복은 가정에서 찾고, 성공은 일에서 추구합니다." 등 각자 자신이 느끼는 대로 대답하지만, 그 무엇도 정확한 정의는 아니다.

행복해지길 원하면서도 최종 도착점인 '행복'이 무엇인지는 어렴풋하고 명확하지 않은 상태다.

명확하지 않으면 어떤 일이 벌어질까?

당연히 목표 지점을 정확히 모르니 목표를 향해 전속력으로 달릴 수 없다.

상상해 보라. 행복과 성공의 빛이 어디에서 반짝이는지 모르는 어둠 속에서, 당신은 행복과 성공을 향해 전속력으로 달릴 수 있겠는가?

제자리걸음을 하며 주춤거리든가, 아니면 목표라고 짐작되는 방향으로 더듬거리며 나아가는 게 고작일 것이다.

이런 상태로는 행복과 성공에 이르기까지 오랜 시간이 걸린다.

그럼, 많은 사람이 목표로 하는 '행복'이란 과연 무엇일까?

여러 가지로 정의할 수 있겠지만, 나는 행복이란 자신의 가치관을 명확하게 세우고, 그것을 현실에서 손에 넣은 상태라고 정의한다.

예를 들어 보자.

사람은 저마다 자신이 좋아하는 이상형이 있으며, 그 기준은 모두 다르다. 남들이 보기에 번듯한 조건을 갖춘 사람을 이상형으로 꼽는 사람도 있을 테고, 외모나 조건보다는 성격을 중요시하는 사람도 있을 테지만, 결국은 모두 자신이 원하는 이상형에 가까운 사람과 사귀게 되면 '행복하다'라고 느낄 것이다.

이처럼 어떤 상태에서 자신이 행복한지 파악하려면 자신의 가치관을 명확하게 하는 것이 필요하다. 가치관이 명확한 사람은 적어도 자신이 원하는 행복을 향해 전속력으로 돌진할 수 있으므로 가치관이 불확실한 사람보다 빨리 행복에 다다를 수 있다.

그런데 자신의 이상형을 정확히 알지 못하는 사람은 데이트 상대를 찾기도 어려울 뿐만 아니라, 설령 남들이 부러워할 만한 사람과 사귄다 해도 정작 행복을 느끼지 못할 것이다.

반면에 자신의 이상형을 정확히 알고 있으면, 이상형을 찾기도 쉬울 것이고, 이상형과의 만남에 행복을 느낄 것이 분명하다.

그러므로 행복하기 위해서는 먼저 가치관을 명확하게 세우는 것이 대단히 중요하다.

그렇다면 '성공'이란 무엇일까?

남들이 부러워하는 조건의 상대와 사귀고 있는 사람과 남들이 보기에 좋은 조건은 아니지만 성격이 잘 맞는 상대와 사귀는 사람이 있다고 할 때, 어느 쪽이 더 성공했다고 생각하겠는가?

두 사람 다 자신의 이상형과 교제하고 있으므로 '행복도'는 같다고 할 수 있다. 하지만 겉보기에 좋은 조건을 가진 상대와 사귀는 사람을 성공했다고 생각하는 사람도 많을 것이다. 왜냐하면 일반적으로 겉으로 드러나는 조건을 성공의 기준으로 생각하는 사람이 많기 때문이다.

대체로 성공이란 행복을 손에 넣은 사람이 주위 사람들에게도 '저 사람은 분명히 행복할 거야!'라고 인정받는 상태를 뜻한다.

그러므로 행복이 먼저이고, 그 연장선상에 성공이 있다는 것이다.

그렇다면 남들이 보기에 조건이 별로 좋지 않은 상대와 사귀는 사람은 실패한 것일까? 아니, 그렇지 않다.

성공이란 자신과 같은 가치관을 가진 사람들에게 '당신은 분명 행복할 거야!'라고 인정받고 부러움을 사는 상태를 뜻하므로, 이 경우에도 자신과 같은 가치관을 가진 사람들에게는 당연히 성공한 사람으로 인정받을 것이다.

아직도 '성공하고 싶다면 행복은 희생해야 한다.'라고 성공과 행복을 상반된 개념으로 인식하는 경향이 있다. 하지만 앞에서 말했듯이 성공은 행복의 연장선상에 있는 것이지, 결코 상반된 의미가 아니다.

가치관이 다양화된 요즈음, 모든 사람에게 인정을 받기란 불가능하다. 그런데도 주변 사람들에게 인정받으려고 지나치게 신경을 쓰느라 정신적으로 나약해지는 경우가 많다.

하지만 행복이 먼저이고, 그 연장선상에 성공이 있다는 것을 알면, 무리하면서까지 나를 주위에 맞추지 않아도 되고, 스트레스 없이 편하게 살아갈 수 있다.

이와 같은 원리를 이해하면 행복과 성공에 다가가기 위해 지금 무엇을 결정해야 하고, 무엇을 선택해야 하는지 깨닫게 되어 결정하는 속도가 빨라질 것이다.

결정을 잘하는 사람은 이러한 이치를 잘 알고 있다.

Point

- 자신의 가치관을 명확하게 하고, 그 가치관에 맞는 목표를 손에 넣었을 때 '행복'을 느낀다.
- 타인의 가치관에 나를 맞출 필요는 없다.

02

어이, 나한테
신경 좀 써라.

니 누고?

너는 누구고, 나는 누구??

자신의 가치관을 잘 모른다

자신의 가치관을 명확하게 한다

행복은 자신의 가치관에 맞는 것을 실제로 손에 넣은 상태를 뜻한다고 앞에서 언급하였다.

그러므로 행복해지고 싶으면 먼저 자신의 가치관을 명확하게 하는 것이 중요하다.

결정을 잘하지 못하는 사람들 중 자신의 가치관을 명확하게 세우지 못하는 경우가 있다. 나 역시도 나 자신의 가치관을 명확하게 세우지 못했을 때에는, 무슨 일이든 그때그때 적당히 결정하곤 했다. 그러다가 나의 가치관을 뚜렷하게 세우고 나서 확고한 판단 기준이 생겼고, 이

후로는 어떤 일이든 그 기준에 따라 결정할 수 있게 되었다. 그 결과 망설이거나 흔들리는 일이 없어졌으며, 결정하기까지의 시간도 짧아졌다.

이렇듯 자신의 가치관을 명확하게 세우는 일은 매우 중요하다.

가치관을 명확하게 세우려면 어떻게 해야 할까?

그것은 세분화된 분야마다 하나하나의 가치관과 그 우선순위를 명확하게 하는 것이다.

분야는 '의, 식, 주, 놀이, 배움, 인간관계, 건강, 일, 가정'의 9가지가 있고, 이 분야의 각각에 '내게 중요한 것은 무엇인가?'를 생각해 본다.

즉, 구체적으로 '○○에서 중요한 것은 무엇인가?'를 자문자답自問自答해 본다.

예를 들어 의생활에서 중요한 요소로는 디자인이나 색상, 브랜드, 소재, 사이즈 등이 나올 수 있고, 식생활에서는 저칼로리, 음식의 양, 맛, 식감, 가성비 등이, 일에서는 신뢰, 기술력, 이익, 성장 가능성, 생산성 등이 나올 수 있을 것이다.

이렇듯 각 분야에서 중요하다고 생각되는 요소들로 10개의 질문을 만들면, 각 분야마다 10개의 답이 나올 수 있고, 나온 10개의 답에 우선순위를 매겨 본다.

의생활을 예로 들면 '디자인과 색상 중에서 더 중요하게 여기는 것은 무엇인가?', '디자인과 브랜드 중에서 포기할 수 없는 것은 어느 것인가?' 하는 식으로 자신에게 10개의 질문을 해 본다.

이렇게 해서 나온 10개의 답에 우선순위를 매겨 보면 각각의 요소에서 자신이 가장 중요하게 생각하는 것이 무엇인지 알 수 있을 것이다.

그렇다고 최초로 나온 답(가치관)이 우선순위가 높다는 의미는 아니다. 10번째 답이 실제로는 자신이 가장 중요하게 여기는 것일 수도 있으므로, 반드시 각 분야마다 10개씩 질문을 해서 그 답의 우선순위를 적어 보기 바란다.

표 1 | 가치관 기록표

	1	2	3	4	5	6	7	8	9	10
의										
식										
주										
놀이										
배움										
인간관계										
건강										
일										
가정										

이렇게 해서 나온 90개의 답, 즉, 키워드가 당신의 가치관이기도 하고, 어떤 일을 결정할 때의 판단 기준이 될 수도 있다.

지금까지 자신의 가치관을 의식하지 않고 무언가를 결정했던 사람이라면 평소에 이러한 가치관을 의식하도록 해 보자.

그렇게 하면, 행복해지기 위한 올바른 결정을 빠르게 내릴 수 있게 된다.

point

세분화하는 것으로 자신의 가치관이 뚜렷해진다.

03

메모 습관 → 성공 습관!

머릿속으로만 생각한다

장단점을 적어 비교해 본다

어떤 사안을 결정할 때, 그 일로 얻을 수 있는 장점과 단점을 적어서 눈으로 비교하는 습관을 들이면, '결정하는 능력'을 높이는 효과가 있다.

머릿속으로만 생각하는 것보다는 종이에 적는 것이 깔끔하게 정리되기 때문이다.

이런 경험이 있는 사람은 알겠지만, 장단점을 구체적으로 적어서 대조하다 보면 일목요연하게 정리되어 결정하기가 쉬워진다.

물론 단순히 장점의 개수와 단점의 개수를 비교하는 것

만으로 결정할 수 없는 경우도 있지만, 대부분은 장점이 많은 쪽을 선택하여 결정하게 된다.

구체적으로 다음 항목의 장단점을 비교하면 효과적이다.
• 감정 / • 경제 / • 시간 / • 노력
• 건강 / • 장래성 / • 가족 / • 고객

또한 일반적으로 어떤 일을 '할 경우'의 장단점을 생각하는 사람이 많지만, '하지 않을 경우'의 장단점도 함께 생각해 보면 또 다른 관점에서 판단할 수 있다.
• 할 경우의 장단점, 하지 않을 경우의 장단점
• 지금 할 경우의 장단점, 지금 하지 않을 경우의 장단점
• 살 경우의 장단점, 사지 않을 경우의 장단점
• 먹을 경우의 장단점, 먹지 않을 경우의 장단점

이처럼 장점과 단점을 적어 비교하는 작업은 매우 중요하며, '종이에 적는 행위' 자체만으로도 굉장히 큰 효과가 있다.

이를 뒷받침하는 조사 결과를 소개하겠다.

1979년 하버드 대학교의 한 교수가 학생들에게 "자신의 목표가 있는가?"라고 질문했더니 다음과 같은 결과가 나왔다.

- 목표가 없다. / 84%
- 목표가 있지만, 종이에 적지 않는다. / 13%
- 목표가 있으며, 종이에 적는다. / 3%

그리고 10년 뒤, 그 교수가 그때 답을 한 학생들을 추적, 조사한 결과 흥미진진한 사실이 나타났다.

당시 '목표가 있지만 종이에 적지 않았던 13%의 학생들이 목표가 없다고 대답했던 84%의 학생들보다 연평균 수입이 약 2배 높았고, 목표를 종이에 적었던 3% 학생들의 연평균 수입은 나머지 97% 학생들보다 10배 이상 되었다.'라는 것이다.

이 조사 결과로 자신의 목표를 적는 일이 얼마나 효과적인지 잘 알 수 있으며, 구체적인 효과는 다음의 3가지로 설명할 수 있다.

첫째, 목표가 구체적으로 설정된다.

종이에 적는 행위는 머릿속에서 생각하고 그리던 것을 구체적으로 언어화하는 작업이다. 따라서 적는 행위를 통해 어렴풋하던 목표를 구체적으로 인식할 수 있다.

둘째, 기록한 목표를 날마다 보면서 목표 달성을 위한 행동을 습관화하게 된다.

인간은 망각의 동물이기 때문에 종이에 적은 목표를 날마다 보면서 끊임없이 떠올리고 마음에 새겨야 잊지 않는다.

셋째, 목표 달성에 필요한 정보에 민감해진다.

예를 들어 빨간색 스포츠카를 갖고 싶다고 생각한 순간, 신기하게도 도로에서 빨간색 스포츠카만 눈에 띄었던 경험이 있을 것이다. 이를 '컬러 배스 효과'라고 하는데, 어느 한 가지를 의식함으로써 그것에 관한 정보가 무의식적으로 자신에게 많이 모여드는 현상이다.

목표 달성에 필요한 정보가 많아질수록 그만큼 목표를 달성할 가능성도 커지며, 이처럼 종이에 적는 행위는 기대한 것보다 큰 효과를 준다.

구체적인 목표가 있어야 구체적인 결정을 할 수 있으며, 목표가 애매하면 결정도 애매해진다. 또한 구체적인 장점과 단점을 알면 결정이 더 쉬워지지만, 장점과 단점이 애매하면 애매한 결정밖에 할 수 없다.

인간은 망각의 동물이라 자신이 결정한 일도 잊어버리곤 하지만, 종이에 적은 것을 날마다 보면 결정한 일을 계속 떠올릴 수 있다.

그리고 결정한 내용을 항상 의식함으로써 필요한 정보가 모이게 되고, 결정한 일을 달성할 때까지 추진 속도와 일의 정확도는 한층 높아진다.

Point

장점과 단점을 비교해 보는 것으로 결정이 쉬워진다.

04

머릿속 멋진 아이디어 NO, 아웃풋 OK!

자신감이 없다

 vs

자신을 믿는다

누구나 한두 번쯤은 자신의 결정이 '정말 잘한 결정일까?' 하고 불안해했던 경험이 있을 것이다.

그렇다면 자신의 결정에 자신감을 가지려면 어떻게 해야 할까?

그것은 머릿속으로 생각한 것을 누군가에게 전하거나, 글로 적어서 밖으로 드러내는 아웃풋이다.

상상해 보자.

회사를 경영하는 고령의 경영자가 은퇴를 생각하고 있다. 누군가에게 회사를 맡기고 싶지만 후계자가 없어 임

원 A와 B 중 한 사람으로 결정하려고 한다. 그는 누구에게 경영을 맡겨야 할지 판단하기 위해 '우리 회사의 신규 사업을 제안하라.'라는 과제를 냈다.

1주일 뒤, A는 "이런 사업은 어떻습니까?" 하고 자신의 생각을 정리해 아웃풋한 신규 사업 기획안을 문서로 만들어 제출했다. 그 내용은 기대를 뛰어넘어 "역시 A야!" 하고 감탄할 만큼 훌륭했다.

반면에 B는 문서를 만들지 않았다. 머릿속의 생각을 아웃풋하지 않고 "제 머릿속에는 A보다 더 대단한 기획이 있습니다." 하고 구두로 보고했다.

또한, B는 기획 아이디어를 "A는 3일 전에 떠올린 반면, 저는 A보다 하루 빠른 4일 전에 생각해 냈다."라고 말했다. 그러면서 아직 문서로 아웃풋하지는 않았지만, A보다 훌륭한 기획이 머릿속에 있는 데다 A보다 하루 먼저 생각해 냈으므로 자신이 더 우수하고 경영자에 적합하다고 주장했다.

이때 당신이 경영자라면 철저하고 구체적으로 아웃풋한 A와 머릿속에만 있고 아웃풋하지 않은 B 중 누구에게 회사를 맡기겠는가?

나라면 머릿속의 내용을 구체적으로 아웃풋해서 기획안을 작성한 A를 망설임 없이 선택할 것이다. B의 경우 "A보다 먼저 더 훌륭한 아이디어를 떠올렸다."라고 주장할 뿐, 구체적인 내용을 알 수 없으니 정말 아이디어가 있었는지 확인할 수 없기 때문이다.

B가 머릿속에 있는 기획을 구체적으로 문서화해서 A의 기획안과 비교할 수 있다면 모를까, 그렇지 않으면 신뢰할 수 없다.

사실 나의 머릿속에도 A와 B가 존재하고 있다.

당신도 머릿속에 여러 가지 아이디어나 하고 싶은 일이 있는데도 전부 아웃풋하지는 못했을 것이다.

떠오른 아이디어를 아웃풋한 상태라면 A와 같고, 생각만 하고 있는 상태, 즉 아이디어나 하고 싶은 일이 머릿속에만 있는 상태라면 B와 같다고 할 수 있다.

그러면 질문을 하겠다.

당신은 A일 때가 많은가, B일 때가 많은가? A와 B 중 어느 쪽일 때 일과 인생이 잘 풀린다고 생각하는가?

앞에서 했던 이야기를 떠올려 보자. 자신의 아이디어를

구체적으로 아웃풋해서 문서로 작성한 A는 경영자에게 신뢰를 얻었지만, 문서로 작성하지 않은 B는 신뢰를 얻지 못했다.

이와 마찬가지로, 자신에게 A가 많이 있다면 자신을 믿을 수 있게 되고, B가 많다면 자신을 믿지 못하게 된다.

그러면 자신을 믿을 수 있는 사람과 자신을 믿을 수 없는 사람 중 어느 쪽이 잘될까?

당연히 자신을 믿을 수 있는 사람이다. 자신을 믿을 수 있으면 자신이 내린 결정이나 선택에도 자신감을 가질 수 있다. 이것은 매우 중요한 것이다.

그러므로 자신의 머릿속에 A의 비율을 늘려서 아이디어를 최대한 아웃풋하면, 일도 인생도 뜻하는 방향으로 나갈 것이다.

머릿속에 있는 아이디어를 밖으로 꺼내 누군가에게 전하거나, 문서로 표현하느냐 아니냐의 차이가 그다지 중요하지 않다고 생각하는 사람도 있겠지만, 그것은 큰 착각이다.

특히 글로 써서 문서로 작성하는 아웃풋 작업은 머릿속

에서 어렴풋하던 생각을 밖으로 꺼내 깔끔하게 정리하는 일이며, 앞으로 한 걸음을 내디디는 것이다. 비록 미미할지 몰라도 이 한 걸음을 내디디느냐 아니냐의 차이는 굉장히 크다.

성공 철학에서 흔히 '글로 써서 나타내면 꿈은 이루어진다.'라고 하는데, 이는 거짓이 아니다.

자신감을 갖고 결정하고 싶다면, 항상 밖으로 드러내는 아웃풋을 의식하자.

Point

아웃풋하면 자신을 믿는 힘이 커진다.

05

결정 know-how!

결정의 비결을 알지 못한다

마케팅의 11가지 요소를 알고 있다

사내 회의나 거래처와의 업무 협의 때 신통치 않은 이야기만 계속하다가 아무것도 결정하지 못한 채 회의를 끝낸 경험이 누구에게나 있을 것이다. 이처럼 허무한 일도 없다.

왜 이런 일이 일어날까?

이는 많은 사람들이 결정하는 데 필요한 노하우를 알지 못하기 때문이다.

그럼 결정을 내리는 데 필요한 노하우는 무엇일까?

그것은 다음의 11가지 요소를 모두 구체적으로 포함해야 한다.

① 누가 / ② 왜 / ③ 무엇을 / ④ 누구에게 / ⑤ 누구를 위해서 / ⑥ 누구와 / ⑦ 언제부터 언제까지 / ⑧ 어떻게 / ⑨ 얼마에 / ⑩ 얼마나 / ⑪ 어디서

나는 이것을 '마케팅의 11가지 요소'라고 한다. 이 요소를 모두 포함해야 '결정한다'라고 할 수 있으며, 이 11가지 요소를 모두 채워야 비로소 행동으로 옮길 수 있다.

이 11가지 요소를 어떻게 사용하면 좋을지 구체적인 예를 들어 알아보자.

친한 사람들끼리 "맛있는 것도 먹고 오랜만에 즐거운 시간을 보낼 수 있게 가족 동반으로 여행 가자."라는 이야기가 오고 갔지만 실현하지 못했던 경험이 있을 것이다.

여행을 실현하지 못한 이유는 마케팅의 11가지 요소가 구체적으로 제시되지 않았기 때문이다.

다음과 같이 순서대로 채울 수 있다면, 가족 동반 여행 계획을 쉽게 실천할 수 있을 것이다.

① 누가(주최자는?): 모임의 리더인 ○○○

② 왜: 맛있는 음식을 먹으며 즐거운 시간을 보내고 가족들끼리 친목을 다지기 위해

③ 무엇을: 맛있는 음식이 있는 온천 여행을

④ 누구에게(제공할까?): 개별적으로 가족 여행을 못 가고 있는 모임의 구성원들에게

⑤ 누구를 위해서: 친목 모임 구성원들의 가족을 위해서

⑥ 누구와(그 여행을 기획할까?): 모임에서 온천을 가장 좋아하는 A와

⑦ 언제부터 언제까지: 3월 4일~5일(1박 2일)

⑧ 어떻게: 전세 버스와 콘도를 빌려서

⑨ 얼마에: 1인당 30만 원

⑩ 얼마나(몇 명): 20명

⑪ 어디서: 온천이 있는 콘도에서

　이것을 보고 '그래, 이 11가지 요소를 전부 적어 보면 가족과 함께 즐거운 시간을 보낼 수 있을 것 같아.'라고 생각했을 것이다. 하지만 한편으로는 '뭐야! 이렇게 간단한 항목 11가지만 적으면 되는 거였어? 별거 아니네.'라고 할 수도 있다. 하지만 별것 아닌 것 같은 이 11가지 요소를 빠짐없이 구체적으로 적을 수 있느냐 없느냐는 매우 중요하다.

만약 11가지 요소 중에서 ⑦의 '언제부터 언제까지'라는 일정을 결정하지 못했다면 여행을 갈 수 있을까? 또는 ⑪의 '어디서'를 결정하지 못했다면 여행을 실행할 수 있을까? 여행을 가기로 결정했더라도, 11가지 요소 중 단 한 항목이라도 채우지 못한다면 여행을 실현할 수 없다.

이 점이 매우 중요하다. 11가지 요소를 모두 채우지 못한다면 그건 '결정'한 게 아니고, 단순히 '생각'만 하고 있을 뿐이다.
'생각하는 것'과 '결정하는 것'의 경계선이 바로 여기에 있다.

이 11가지 요소가 얼마나 중요한지 이해했다면, 이번에는 이들 항목을 의식하고 결정할 수 있는지를 잠깐 확인해 보자.
이 책을 덮고 앞에서 설명한 11가지 요소를 종이에 적어 보자. 제한 시간은 1분이다.
다 적은 뒤에는 빠뜨린 것 없이 전부 적었는지 확인해 보자. 만약 한 가지라도 빠뜨렸다면 지금까지 당신은 '결정한다'는 것이 무엇인지 제대로 알지 못하는 상태다.

표 2 | 마케팅의 11가지 요소

① 누가	
② 왜	
③ 무엇을	
④ 누구에게	
⑤ 누구를 위해서	
⑥ 누구와	
⑦ 언제부터 언제까지	
⑧ 어떻게	
⑨ 얼마에	
⑩ 얼마나	
⑪ 어디서	

실제로 대부분의 사람이 11가지 요소를 전부 적지 못했을 것이다. 사람마다 기억하지 못한 항목은 다르겠지만, 만약 '언제부터 언제까지'를 빠뜨렸다면 당연히 그 항목에 대한 계획은 세울 수 없다.

'언제부터 언제까지'라는 키워드가 있기 때문에 그 칸을 채우려고 하는 것이므로, 애초에 키워드가 없다면 아무리 생각해도 그 항목을 채울 수 없다.

요컨대, 결정하는 데 어려움을 겪는 사람은 애초에 11가지 요소 가운데 무언가가 결여되어 있는 것이다. '어디서'가 빠져 있는 사람은 '어디서'를 생각할 수 없으며, '얼마나(몇 명)'가 머릿속에 없는 사람은 '몇 명'인지를 생각하지 못한다. 키워드가 없기 때문에 생각조차 못하는 상황이 벌어지는 것이다.

이처럼 11가지 요소 중 어느 한 가지만 빠져도 결정할 수 없으며, 행동으로 옮길 수도 없다.

자신이 결정할 때뿐만 아니라, 상대에게 결정하도록 할 때도 이 11가지 요소는 매우 중요하다.

회의나 협의를 할 때도 마케팅의 11가지 요소를 하나하나 검토해 나가면 신속하게 결정할 수 있으며, 바로 행동으로 옮길 수 있는 결론을 이끌어 낼 수 있다.

또한 광고지나 홈페이지 또는 영업 과정에서 고객의 반응을 얻지 못하는 상황도 마찬가지다. 11가지 요소 중 무언가가 빠졌기 때문에 고객은 '당신이 권하는 상품을 살지, 말지', '당신의 매장에 갈지, 말지', '제품 문의를 할지, 말지', '자료를 요청할지, 말지'를 결정하지 못했을 가능성이 높다.

고객 중에도 당신처럼 11가지 키워드가 전부 머릿속에

들어 있는 사람은 거의 없다. 그래서 사고 싶어도 사겠다는 결정을 내리지 못하는 고객이 많은 것이다.

그러므로 당신이 11가지 요소의 단순한 키워드를 빠짐없이 언급하는 것만으로도 '사고 싶다', '매장에 들르고 싶다', '문의하고 싶다', '자료를 요청하고 싶다'라고 생각하는 상태에서 '사겠다', '매장에 가겠다', '문의하겠다', '자료를 요청하겠다'라는 상태로 고객들을 바꿀 수 있다.

만약 부하 직원이 당신이 지시한 대로 따르지 않는다면 지시 방법이 잘못되었기 때문일 가능성이 크다. 즉, 당신이 이 11가지 요소를 모두 전달하지 않았기 때문에 제대로 하지 못했을 수도 있다.

이처럼 '마케팅의 11가지 요소'는 '결정하는' 기술의 근간을 이루는 매우 중요한 비결이다.

앞으로 어떤 일을 결정할 때는 이 11가지 요소를 꼭 활용하기 바란다.

Point

마케팅의 11가지 요소를 모두 채우면, 행동으로 옮길 수 있다.

06

꼭 지금??

무엇이든 당장 결정하려고 한다

무리하게 결정하지 않는다

실제로 '마케팅의 11가지 요소'를 알면서도 좀처럼 결정하지 못하는 경우도 있다.

예를 들어 세계 일주 여행을 가기로 결정하는 상황을 떠올려 보자. 당신이 세계 일주 여행을 가고 싶다고 해서 지금 당장 마케팅의 11가지 요소를 전부 채울 수 있겠는가? 아마도 채워 넣지 못하는 항목이 몇 가지 있을 것이다. 가령 '얼마에'에 해당하는 예산이라든지, '언제부터 언제까지'에 해당하는 시기를 바로 적어 넣기는 쉽지 않다.

이렇듯 현실적으로 채워 넣을 수 없는 항목이 몇 가지

있는 상태에서는 지금 당장 결정하려고 이것저것 생각해 봤자 시간만 낭비할 뿐이다. 지금은 그 일을 결정할 좋은 타이밍이 아닐 수도 있고, 아직은 세계 일주 여행을 가겠다고 진심으로 생각하지 않은 것일 수도 있다.

그러므로 11가지 요소를 채우려고 해도 실제로 채우지 못하는 항목이 많을 때는, '무리하게 결정하지 않는다.'라는 선택지도 있다는 것을 알아야 한다.

좀처럼 결정을 내리지 못하는 사람은 지금 당장 모든 항목을 채우려고 아까운 시간을 낭비하는 반면, 결정을 잘하는 사람은 바로 결정할 수 없는 일은 무리하게 결정하지 않고 적절한 시기가 올 때까지 기다린다.

나도 예전에는 하고 싶은 비즈니스가 많아서 동시에 이 일 저 일에 노력을 쏟던 시기가 있었다. 그때는 여러 가지 일을 너무 깊이 생각하느라, 정말로 하고 싶은 일이 무엇인지 알 수 없게 되어 정작 중요한 일을 결정하지 못했다. 그러나 지금은 '무리하게 결정하지 않는다.'라는 선택을 할 수 있게 되어 그런 일이 없어졌다.

예전의 나와 같은 상황에 빠지기 쉬운 사람은 마케팅의 11가지 요소가 얼마만큼 채워지는지 확인하고, '지금 결정할지, 말지'를 결정의 척도로 삼아 '무리하게 결정하지 않는다.'라는 선택지도 검토하길 바란다. 그렇게 해야 결정하는 힘을 중요한 일에 집중할 수 있다.

어떤 분야든 여러 가지 일을 동시에 많이 벌려 놓으면, 노력이 분산되어 효율성이 떨어지는 것은 당연하다.

컴퓨터를 할 때도 여러 가지 소프트웨어를 한꺼번에 가동하면 메모리의 사용 과다로 과부하가 걸려서 작동 오류가 생기기도 해, 계획한 일이 생각처럼 순조롭게 진행되지 않기도 한다. 그럴 때에는 사용하지 않는 소프트웨어를 종료해 두면, 과부하가 걸리지 않고 일을 원활하게 계획대로 진행할 수 있다.

이와 똑같은 현상이 사람의 뇌에서도 일어난다.

결정을 잘하지 못하는 사람 중에는 무슨 일이든지 지금 당장 결정하지 않으면 큰일이라도 날 것처럼 조바심을 내는 사람이 있는데, 모든 일을 지금 당장 결정해야 하는 건 아니다. 실세로 지금 당장 결정하지 않아도 되는 일이 상당히 많다.

그러므로 지금 결정해야 하는 일인지 아닌지를 잘 판단해서 당장 결정하지 않아도 되는 일은 '지금 결정하지 않겠다.'라고 결단을 내리는 것이 중요하다.

결정을 잘하는 사람은 상황에 따라 '지금 결정하지 않겠다.'라는 결단을 자신 있게 한다.

point

지금 당장 결정하지 않아도 되는 일은, '지금 결정하지 않겠다.'라고 결단을 내리는 것도 중요하다.

07

무엇을 먹을지는
가면서 결정하자니까!

망부석

가서 보면 달라질 수 있으니까.

전부 결정될 때까지 행동하지 않는다

일단 결정한 뒤에 세부적으로 조정한다

'마케팅의 11가지 요소' 중에서 한두 가지라도 불확실한 요소가 있을 때는 어떻게 해야 할까?

이때는 한두 가지 요소가 확정될 때까지 아무 행동도 하지 않기보다는 일단 결정하고 나서, 나중에 세세한 부분을 조정하는 것이 좋다. 결정을 잘 내리는 사람은 이 방법을 효과적으로 활용할 줄 안다.

실제로 비즈니스에서는 충분한 논의가 이루어지지 않은 단계에서 먼저 결정하고 실행에 옮겨야 할 때가 있는데, 설명회나 세미나 등을 개최하는 경우가 그렇다.

설명회와 세미나에 참가하는 인원수는 전날까지 확정되지 않는 경우가 일반적인데, 인원수가 확실해지는 시점에서 회의장을 찾으려고 하면 날짜에 맞추어 구하기가 어렵다. 따라서 먼저 예상 인원수를 추측하여 회의장을 예약한 다음 참가자를 모집하기 시작한다.

만약 20명 정도 참가할 것으로 예상했는데, 40명이 신청했다면, 당연히 40명이 들어갈 수 있는 회의장으로 변경해야 한다. 물론 선착순으로 20명만 받고 나중에 신청한 사람은 참가시키지 않는다는 선택지도 있지만, 이왕이면 회의장을 더 넓은 곳으로 변경해 40명을 다 참가시키는 편이 양쪽 모두에게 이득일 것이다.

하지만 40명을 수용할 수 있는 회의장이라고 무조건 좋은 것은 아니다.

이때의 관건은 '시간'과 '품질', 그리고 '숫자'의 균형을 맞추어 회의장을 다시 빌릴 수 있느냐 하는 것이다. 여기서의 '시간', '품질', '숫자'를 '매니지먼트의 3가지 요소'라고 하며, 이 3가지 요소의 균형이 맞아야 탁월한 결정이라고 할 수 있다.

구체적으로 알아보자.

상사가 담당 직원에게 '40명을 수용할 수 있는 회의장으로 변경하라.'라고 지시하여 40명이 들어갈 수 있는 큰 회의장으로 변경한 것까지는 좋았으나, 변경 전에는 역에서 도보 2분 거리였던 회의장이 20분 거리로 바뀌었다면 어떻겠는가?

이는 '시간'의 문제다.

그리고 변경한 회의장에 화이트보드가 없거나 시설이 만족스럽지 못하다면, 이는 '품질'의 문제다.

또한 처음에 예약했던 회의장의 사용료는 20만 원이었는데, 바꾼 회의장의 사용료가 300만 원이라면 '숫자'의 문제가 발생한다.

즉, 세미나 날짜에 맞춰 40명을 모두 수용할 수 있는 큰 회의장으로 변경했다고 하더라도 시간, 품질, 숫자의 3가지 요소가 균형을 이루지 못한다면 이는 올바른 결정이라고 할 수 없다.

표 3 | 매니지먼트의 3가지 요소

시간	예) 역에서 회의장까지 얼마나 걸리는가?
품질	예) 회의장의 시설과 분위기는 어떠한가?
숫자	예) 회의장의 사용료가 합리적인가?

다시 말해 세부 사항을 조정하거나 변경할 때는 '시간'과 '품질', 그리고 '숫자', 이 3가지 요소의 균형을 잘 맞추어야 한다.

결정을 잘 내리는 사람이라면 '매니지먼트의 3가지 요소'를 어떻게 균형 있게 맞출 것인지를 항상 염두에 두고 있어야 한다.

Point

세부적인 내용을 조정할 때는 '시간', '품질', '숫자'의 균형을 고려해야 한다.

08

말이라도 할 수 있음······.

협력과 허가에 실패한다

혼자 결정할 수 있는 일부터 결정한다

어떤 일이든 '혼자서 결정할 수 있는 것'과 '누군가의 협력과 허가가 있어야만 결정할 수 있는 것'이 있다. 이때 '혼자서 결정할 수 있는 일'부터 먼저 결정하는 편이 일을 빨리 처리할 수 있다.

그러나 결정을 잘하지 못하는 사람은 무엇인가를 결정할 때, 혼자서도 결정할 수 있는 일은 제쳐 두고 주위 사람들에게 어떻게 협력을 구할 것인지, 어떻게 허가를 얻을 것인지를 지나치게 고심한다.

그 결과 시간은 시간대로 걸리고 적당한 시기를 놓쳐

실패하는 경우가 많다.

예를 들어 영어를 배우고 싶다고 하자.

이때 어디서, 얼마의 예산으로, 언제부터 언제까지 배울 것인지 등 '마케팅의 11가지 요소'를 모두 스스로 결정할 수 있다면 바로 학원에 다닐 수 있다.

하지만 학원에 다니려면 회사에서의 야근을 줄여야 한다거나, 학원비 지출에 아내의 동의를 얻어야 하는 등 다른 사람의 협력과 허가가 필요한 경우도 있다. 이때 야근을 줄이려면 누구에게 상담을 하고, 누구와 협력을 해야 할지 모른다거나, 학원비 이야기를 어떻게 해야 좋을지 몰라 망설이는 사람도 많다.

이것이 바로 결정을 잘 내리지 못하는 사람에게서 자주 보이는 양상이다.

그러므로 먼저 혼자서 결정을 할 수 있는 일부터 결정해야 한다.

그리고 나서 혼자서 결정을 할 수 없는 경우에는 '누구에게, 무엇을' 부탁해야 할지 정확하게 판단하면 되는 것이다.

이렇게 하면 당신의 결정 속도는 빨라지게 될 것이다.

결정을 잘하는 사람은 이러한 판단과 실행을 자연스럽게 하고 있다.

Point

자신이 혼자서 결정할 수 있는 일부터 결정한다.

09

그러다 쪽박 찬다!

결정 방법을 파악하지 못한다

결정 기준과 성향을 안다

사람이 어떤 일을 결정할 때에는 그 사람의 성격이 영향을 미친다.

성격은 감정(좋아하는가, 싫어하는가?)과 이성(이익인가, 손해인가?), 그리고 본능(이길까, 질까?)을 바탕으로 이루어지는데, 사람은 이 중 어느 한 가지 기준에 따라 결정을 하고 있는 것이다.

예를 들어 10명 정도의 사람이 술을 마시기로 했는데, '오늘 술값은 내가 내겠다.'라고 결정했다고 하자.

이때 '감정'으로 결성하는 사람은 한턱내기를 좋아하는

사람으로, 한턱내고 싶어서 돈을 내는 것이다.

'이성'으로 결정하는 사람은 '오늘 이 사람들에게 대접하면 나중에 좋은 일이 있을지도 모른다.'라는 이해득실을 따져 술값을 낸다.

'본능'으로 결정하는 사람은 '이 정도 인원에 내가 술값을 내지 않고 누군가에게 대접을 받는 건 내가 지는 거야.'라고 생각하고 돈을 낸다.

이렇듯 사람은 어떤 일을 결정할 때 대부분 감정, 이성, 본능 중 어느 한 가지 기준에 따라 결정하는데, 먼저 자신이 어떤 기준으로 결정하는 경우가 많은지 자신의 성향을 알아 두는 것이 필요하다.

그러고 나서 현재 자신의 상황을 분석해 보고, 순조롭게 잘되고 있다면 지금까지와 같은 기준으로 계속 결정하면 된다.

하지만 현재 상황이 별로 좋지 않다면, 그동안 결정한 방법의 기준이 잘못되었을 가능성이 있으므로 지금까지와는 다른 기준으로 결정하면 좋을 것이다.

이를테면 지금까지는 '감정(좋아하는가, 싫어하는가?)'

으로 결정했는데, 그 결과가 만족스럽지 않았다면 '이성
(이익인가, 손해인가?)'으로 결정해 보라는 뜻이다.

표 4 | 3가지 결정 기준

감정	좋아하는가, 싫어하는가?
이성	이익인가, 손해인가?
본능	이길까, 질까?

또한 이 3가지 기준은 자신이 결정을 하지 못하고 우물
쭈물하는 원인을 찾는 데도 이용할 수 있다. 지금 자신이
결정을 하지 못하는 이유는 '이것을 좋아하지 않기 때문
인가?', '이익인지 손해인지 분명하지 않기 때문인가?', '이
길지 질지 확실하지 않기 때문인가?'를 생각해 보고, 이
중에서 확실한 원인을 찾아낼 수 있다면 자신 있게 결정
할 수 있다.

그러면 영업을 할 때는 어떨까? 영업을 할 때도 상대의
결정 기준이 어떤 성향을 띠는지 파악하면 영업 실적을
향상시킬 수 있다.

이와 관련하여 나도 직원 연수 프로그램을 기획하여 기업에 제안하는 경우, 그 회사 경영자의 결정 기준이 어떤 성향인지를 파악해 그 기준에 맞추어 접근 방법을 다르게 조정한다.

예를 들어 그 회사의 경영자가 직원들의 의욕을 끌어내기 좋아하는 성향이라면 "직원들의 의욕을 고취시킬 수 있는 연수 프로그램이 있습니다." 하면서 감정(좋아하는가, 싫어하는가?)에 접근한다.

그리고 이성(이익인가, 손해인가?)으로 결정하는 성향의 경영자에게는 "연수 비용은 150만 원이지만 직원들의 의욕을 이끌어 내어 매출을 500만 원 정도로 증가시킬 수 있습니다. 다시 말해, 1개월에 350만 원 이득을 보는 연수인데 어떠십니까?" 하고 제안하는 식이다.

반면에 본능(이길까, 질까?)으로 판단하는 경영자에게는 "라이벌인 A사는 같은 연수를 실시한 뒤, 직원들의 의욕이 높아져 매출도 눈에 띄게 높아졌다고 합니다. 이대로는 A사에 뒤처질지도 모릅니다!"라고 권하는 것이다.

이처럼 상대의 결정 기준에 맞추어 접근하면, 결정될 가능성이 한층 커지므로 반드시 시도해 보길 바란다.

P○int

상대의 결정 기준을 알면, 이익을 얻는 데 효과적인 방법을 찾을 수 있다.

10

미래에만 초점을 맞춘다

지금 할 수 있는 것에 초점을 맞춘다

　언제나 '무언가를 하고 싶다.'라고 말만 하고, 실제로 그 바람을 이루려는 행동은 전혀 하지 않는 사람이 있다. 이런 사람은 하고 싶은 일에만 초점을 맞추고 있어 지금 할 수 있는 일을 보지 못하는 경우가 대부분으로, 생각만 공회전하는 전형적인 유형이다.

　나의 경험으로 볼 때 하고 싶은 일에만 초점을 두지 말고, 하고 싶은 일에 다가가기 위해 지금 할 수 있는 일을 결정하고 행동하는 편이 결과적으로 하고 싶은 일에 도달할 수 있는 지름길이 된다.

예를 들어 세미나 강사가 되고 싶지만, 아직 한 번도 강의를 해 본 적이 없는 사람이 있다고 하자.

이런 경우 대부분의 사람은 어떻게 해야 세미나 강사가 될 수 있을지 열심히 생각한다. 하지만 그런 것을 생각하고 있기보다 자신이 좋아하는 세미나 강사의 동영상 자료를 하루에 한 번씩 보는 편이 효과적이다. 동영상을 보는 일 자체는 '하고 싶은 일'이 아닐지도 모르지만, 자신이 '하고 싶은 일에 다가가기 위해 지금 할 수 있는 일'이기 때문이다.

실제로 '이 일을 하겠다.'라고 결정하고, 자신이 할 수 있는 일을 날마다 계속하다 보니 어느새 자신도 세미나 강사가 되었다는 사례가 있다.

메이저 리그에서 활약 중인 추신수 선수도 '메이저 리그에 진출하고 싶다.'라는 생각만 계속했다면 무엇을 해야 할지 몰랐을 것이다. 하지만 현재 할 수 있는 '타격 연습'을 날마다 꾸준히 했기에 마침내 꿈꾸던 메이저 리그에서 활약할 수 있게 되었다.

어쩌면 어릴 때의 추신수 선수에게 타격 연습은 하고 싶은 일이 아니었을지도 모른다. 하지만 '메이저 리그 선수가 되기 위해 당장 할 수 있는 일'은 타격 연습이라고 결정하고 실천했기에, 결과적으로 자신이 목표로 삼은 일을 성취한 것이다.

결정을 잘하지 못하는 사람은 미래의 일에만 초점을 맞추는 경향이 있지만, 결단력이 있는 사람은 지금 할 수 있는 일에 초점을 둔다.

하고 싶은 일이나 되고 싶은 모습에 가까이 다가가기 위해서 지금 당신이 할 수 있는 일은 무엇인가?

Point

지금, 자신이 할 수 있는 일에 초점을 맞추고 행동한다.

11

직감보다는 경험이 중요하다.

무엇이든 직감으로 결정하려고 한다

직감으로 결정할 때를 안다

　직감이라고 하면 '맞을 수도 있고 맞지 않을 수도 있는 점괘' 같은 요행수로 생각할 수 있지만, 나는 '직감은 경험치'라고 생각한다.

　다시 말해 경험치가 높으면 직감 능력도 뛰어나다고 할 수 있다.

　혹시 처음 방문한 동네에 라면 전문점이 모여 있어서 그중 왠지 끌리는 가게로 들어갔는데, 라면이 정말 맛있었던 경험은 없는가? 반대로 맛있을 것 같아서 들어갔지만, 맛이 없어 실망했던 경험도 있을 것이다.

그렇다면 모두 똑같이 직감으로 선택했는데 그 결과는 왜 다른 것일까?

이것이 바로 경험치의 차이라는 것이다.

라면 전문점을 많이 다녀 본 사람은 가게의 구조나 분위기만 보고도 라면이 맛있는지 아닌지를 짐작할 수 있으나, 라면 전문점에 대해 잘 모르는 사람은 가게의 모습만 보고는 맛을 짐작하지 못한다.

즉, 어떤 일이든지 자신의 경험치가 높은 분야에서는 직감으로 결정해도 좋지만, 경험치가 낮은 분야에서 직감으로 결정하면 실패할 가능성이 크다는 것을 알 수 있다.

결정을 잘하는 사람은 이 사실을 잘 알고 있기 때문에 자신의 경험치가 낮은 분야는 섣불리 직감으로 결정하지 않는다. 물론 이것저것 조사해서 결정하기보다는 직감으로 결정하는 편이 더 빠를 수도 있으나, 경험치가 낮은 분야에서 직감으로 결정했다가는 실패할 수 있으니 주의해야 한다.

참고로 나는 음식점을 선택할 때 '업종에 관계없이 개

인이 운영하는 음식점은 일정한 맛의 유지가 어려울 수 있다고 생각되어 위험 대비 차원에서 체인점을 선택하면 실패가 적다.'라는 판단 기준을 가지고 있다.

이 또한 경험치가 높기에 알 수 있는 정보이므로, 이러한 기준을 토대로 직감으로 체인점을 선택하는 것도 경험치를 활용한 판단이라고 할 수 있다.

p**o**int
경험치가 낮은 분야에서 직감으로 결정하면 실패하기 쉽다.

12

미련(未練)이 남으면 미련한 사람

선택하지 않은 것에 미련을 갖는다

선택하지 않은 것은 버린다

어떤 일을 결정하는 방법의 하나로 소거법消去法이 있다.

소거법이란 몇 개의 선택지를 생각할 수 있는 경우에 잘못된 것이나 있을 수 없는 것을 하나씩 삭제하고, 마지막에 남은 것을 선택하는 방법이다. 아마 당신도 이렇게 소거법으로 물건을 선택했던 적이 있을 것이다.

소거법으로 무언가를 결정할 때 한 가지 주의해야 할 것이 있다. 그것은 앞에서 여러 번 이야기했듯이 버리기로 결정한 것은 완전히 버려야 한다는 것이다.

그런데 실제로는 많은 사람이 '완전히 버리다.'를 하지 못한다. 버린 것에 미련이 남으면 선택한 것에 온전히 집중하지 못해 좋은 성과를 내기 어렵다.

스포츠를 예로 들어 보자.

레슬링도 축구도 하고 싶었지만, 야구 선수로 성공하겠다고 마음 먹었다고 하자. 그러면 근육 훈련을 할 때 야구에 필요한 근육을 단련하는 데 집중하고, 야구에 필요 없는 근육은 단련하지 않아도 된다.

그런데 '야구를 하고 있지만, 혹시 나중에 레슬링도 할지 모른다.'라고 생각하는 사람, 즉 선택하지 않은 것을 완전히 버리지 못하는 사람은 레슬링에 필요한 근육도 단련하려고 욕심을 부려 이도 저도 아닌 어중간한 결과밖에 내지 못하게 된다.

그러므로 소거법으로 결정할 경우, 버리겠다고 결정한 것은 완전히 삭제하는 것이 중요하다.

Point

소거법으로 결정할 때는 선택하지 않은 것을 완전히 버리느냐 아니냐가 성패
를 좌우한다.

13

혼자 머리 싸매지 말고, 검색 찬스를!

혼자서 고민한다

경험자에게 상담한다

어떤 일을 결정할 때, 혼자 고민하면서 좀처럼 결정을 못하는 사람이 있다. 실제로 결정을 잘하지 못하는 사람은 다른 사람에게 상담하지 않는 경향이 있다.

물론 혼자서 곰곰이 생각하는 자세도 중요하지만, 아무리 애를 써도 좀처럼 결론이 나지 않는다면 다른 사람에게 상담하는 것도 좋은 방법이다. 그래야 빠르게 결론을 얻을 수 있는 경우가 많다.

그렇다면 누구에게 상담해야 좋을까?

물론 아무에게나 상담해도 되는 건 아니다. 가능하다면

당신이 직면하고 있는 문제와 같은 일을 경험한 사람에게 상담하는 것이 가장 좋다. 경험자는 자기 나름의 지식과 정보를 갖고 있기 때문이다.

주변에 같은 일을 경험한 사람이 없을 수도 있지만, 요즘은 옛날과 달리 인터넷이 있다. 다시 말해 상담할 수 있는 대상자가 얼마든지 존재한다고 해도 과언이 아니다.

막상 경험자나 포털 사이트 등에 상담하면 '뭐야, 이렇게 하면 되는 거였어?' 하고 의외로 쉽게 풀리는 일도 많으니 혼자서 고민하지 말고 반드시 경험자에게 상담을 청해 보자. 나도 가끔 인터넷의 댓글을 읽어 보는데 생각보다 정성스러운 대답이 많이 있다.

당신의 고민이 인류사 최초일 경우는 그리 흔치 않고, 이미 누군가가 직면해 해결한 문제가 대부분일 것이다.

point

인터넷에서 찾으면 상담해 줄 상대는 많이 있다.

re
view

- **자신의 가치관을 명확하게 하고,**

  그 가치관에 맞는 목표를 손에 넣었을 때
  '행복'을 느낀다.

- **타인의 가치관에**

  나를 맞출 필요는 없다.

- **세분화하는 것으로**

  자신의 가치관이 뚜렷해진다.

- **장점과 단점을 비교해 보는 것으로**

  결정이 쉬워진다.

- **아웃풋하면**

  자신을 믿는 힘이 커진다.

- **마케팅의 11가지 요소를 모두 채우면,**

  행동으로 옮길 수 있다.

- **지금 당장 결정하지 않아도 되는 일은,**

  '지금 결정하지 않겠다.' 라고 결단을
  내리는 것도 중요하다

◉ 세부적인 내용을 조정할 때는
  시간', '품질', '숫자'의 균형을 고려해야 한다.

◉ 자신이 혼자서 결정할 수 있는
  일부터 결정한다.

◉ 상대의 결정 기준을 알면,
  이익을 얻는 데 효과적인 방법을 찾을 수 있다.

◉ 지금, 자신이 할 수 있는 일에
  초점을 맞추고 행동한다.

◉ 경험치가 낮은 분야에서
  직감으로 결정하면 실패하기 쉽다.

◉ 소거법으로 결정할 때는 선택하지 않은 것을
  완전히 버리느냐 아니냐가 성패를 좌우한다.

◉ 인터넷에서 찾으면
  상담해 줄 상대는 많이 있다.

CHAPTER 4

결정력을
높이는 습관

작심삼일
NO!

01

어떻게 해야 할지 모른다

스스로 결정하는 습관이 있다

어릴 때부터 부모의 과보호 속에서 자라 무엇이든 부모가 결정해 주었기 때문에 어른이 되어서도 혼자서는 좀처럼 결정을 하지 못하는 사람이 있다.

이런 사람은 먼저 어떤 일이든 스스로 결정하는 습관을 기르는 것부터 시작해야 한다.

설령 잘못된 결정을 하더라도 스스로 결정한다는 사실에 의미를 두는 것이 중요하다. 특히 일상생활에서 일어나는 사소한 일이나 자신에 관해 하나하나 스스로 결정하는 습관을 길러야 한다.

다만 앞에서 말했듯이 자신이 혼자서는 결정할 수 없고, 다른 사람의 협력이나 응원, 또는 허가가 있어야 하는 일도 있다. 그러므로 무언가 문제에 부딪혔을 때는 먼저 자신이 혼자서 결정할 수 있는 일과 타인의 협력이나 응원, 허가가 필요한 일로 나누어 보자.

그리고 자신이 혼자서 결정할 수 있는 일은 결정하고, 타인의 협력이나 응원, 또는 허가가 필요한 일은 누구에게 요청해야 하는지 정확히 파악해서 바로 행동으로 옮겨야 한다.

그런데 결정력이 부족한 사람은 이 기본을 알지 못해 그저 무력하게 사안을 붙들고 있는 경우가 많으므로, 이러한 기본적인 흐름을 따라 하기만 해도 결정력은 점점 좋아진다.

어떤 프로젝트에 참여할 경우, 모든 업무를 혼자서 처리하려 하지 말고 다른 사람과 적절하게 나누어야 빠르게 잘 해낼 수 있는 경우가 많다. 이때도 마찬가지로 먼저 자신이 직접 해야 좋은 일과 다른 사람에게 맡겨야 효율적인 일로 분류해서 다른 사람들에게 맡길 일은 나누어

주기로 결정하자.

그리고 '마케팅의 11가지 요소'를 활용해 누구에게, 어떤 일을 맡길지 명확히 판단하고, 행동으로 옮긴다면 결정하는 능력이 향상될 것이다.

Point

문제에 부딪혔을 때, 먼저 내가 결정할 일과 다른 사람의 도움이 필요한 일로 나누어 생각한다.

02

자신감이 없다

자신의 결정에 자신이 있다

결정 능력을 높이기 위해서는 어떤 사소한 일이라도 스스로 결정하는 것이 중요하다. 그러나 <u>결정만 한다고 되는 건 아니고, 그 결정이 결과적으로 옳았는지 아닌지를 검증해 봐야 한다.</u>

일상에서의 예를 보자.

맛있을 것 같아서 들어간 식당에서 실제로 음식을 먹어 보니 정말로 맛있었는가?

자신에게 어울린다고 생각해서 산 넥타이를 매고 출근했을 때 주변 사람들이 어울린다고 말했는가?

일을 할 때 더 효과적이라고 생각한 방법으로 바꾸었더니 정말로 예전보다 좋은 성과가 나왔는가?

이렇게 자신이 결정해 실천한 일의 결과를 검증해 보는 것이 중요하며, 소소한 결정을 많이 했다 해도 그저 결정만 한다고 되는 것은 아니다.

결과를 검증해 보면, 처음에는 만족한 결과가 나오지 않을지도 모르지만, 결정과 검증을 반복하는 동안에 결정의 정확도가 높아진다.

그리고 결정의 정확도가 높아지면 자신감이 생겨 점점 더 중요한 결정도 망설이지 않고 할 수 있게 된다.

사소한 결정조차 제대로 하지 못하는 사람에게 갑자기 중대한 결정을 내리라고 하면 가능할 리가 없다. 우선 소소한 것부터 결정하여 좋은 결과를 내는 과정을 통해 차츰 자신감이 생겨 나중에는 크고 중요한 일도 자신 있게 결정할 수 있게 된다.

결정을 잘하는 사람이라고 해서 처음부터 갑자기 잘했던 것은 아니다. 자신이 내린 소소한 결정과 그에 대한

결과의 검증 과정을 경험하며 마침내 결단력이 있는 사람
이 된 것이다.

Point

단순히 결정만 하는 것이 아니라, 결과를 검증해 나가는 것이 중요하다.

03

습관 + 개선

한번 결정한 것은 계속한다

그때그때 방법을 재검토한다

　세상에는 한번 결정하면, 그 일을 그대로 계속하는 사람이 있다. 그대로 계속한다는 것은, 곧 습관화되었다는 뜻이므로 매우 바람직한 일이다.

　예를 들어, 어린 때 양치질 습관을 들이기는 어렵지만, 엄마에게 "이를 닦아야지!"라는 말을 들으면서 계속 실천하다 보면 습관이 된다. 그리고 칫솔질 습관은 한번 들이면 그 뒤로 방법을 바꾸는 사람이 적으며, 대부분은 어른이 되어서도 줄곧 어릴 때 익힌 칫솔질 방법으로 이를 닦는다.

하지만 그렇게 습관이 된 일을 그저 똑같이 계속하지 않고 때로는 개선하는 것도 중요하다.

양치질이라면 치아를 더 깨끗하게 관리하는 방법이나 충치 또는 치주염 예방에 효과가 있는 방법으로 바꿀 수도 있고, 이를 닦을 때 조금 더 오래 칫솔질을 하는 등 여러 가지 방법으로 개선할 수 있다.

이는 '새로운 결단'이라고 할 수 있으며, 새로운 결단을 내려서 전보다 좋아지거나 발전한다면, 그 개선은 시도하는 편이 좋으며, 이러한 시도를 반드시 해야 할 때도 있다. 그런데 습관이 된 일을 똑같이 계속하며 개선하지 않는 사람이 많은데, 그 이유는 어느 부분을 어떻게 바꾸어야 할지 모르기 때문이다.

칫솔질의 방법을 바꾸고 싶어도 어떻게 바꾸어야 할지, 횟수를 늘린다면 몇 번 정도 늘려야 할지 모르는 것이다.

하지만 개선할 마음이 있으면 여러 가지 방법을 알아볼 수 있으며, 이를 의식하면 변화시킬 수 있는 일은 많다. 그리고 이렇게 변화시킴으로써 인생이 좋은 방향으로 펼쳐질 가능성이 커진다.

날마다 반복되는 출퇴근을 예로 들어 보자.

많은 사람이 날마다 만원 전철에 시달리면서 출퇴근을 하고 있다. 대부분의 사람들은 몇 시 몇 분에 전철을 타겠다고 결정하면 계속 같은 시각의 전철을 타고 다닌다.

하지만 전철이 조금 덜 붐비는 시간대로 출퇴근 시간을 바꾸면 앉아서 책을 읽거나, 필요한 공부를 하여 인생의 무대를 조금 위로 끌어올릴 수 있다.

즉, 중대한 결단이 아니더라도 일상에서 날마다 반복되는 습관을 개선함으로써 인생의 무대가 바뀔 수 있다.

평소에 일상의 습관뿐만 아니라 일을 할 때도 습관처럼 반복하는 일은 많을 것이다. 이렇게 무심코 반복되는 습관을 하나씩 바꾸어 나가면 개선할 점을 많이 찾을 수 있고, 개선을 거쳐 인생은 크게 달라질 것이다.

Point

결정한 일을 재검토하면, 인생의 무대를 더 높은 곳으로 끌어올릴 수 있다.

04

"아무거나" 외치다 보면 나의 인생은 네 뜻대로.

별생각 없이 결정한다

이유를 근거로 빠르게 결정한다

    당신은 음식점이나 술집에서 요리나 안주를 시킬 때 망설이지 않고 바로 결정하는 편인가? 이러한 일상생활에서의 사소한 일부터 빠르게 결정하겠다고 마음먹으면 확실히 '결정력'은 향상된다.

    술자리에서 안주를 고를 때 좀처럼 결정하지 못하고 망설이는 사람이 있는데, 계속 이런 식이라면 언제까지고 '결정력'은 나아지지 않는다. 그래서 나는 이런 상황일 때 "전부 결정하지 않아도 되니까 3가지만 먼저 결정해서 주문하라."라고 제안한다.

당연히 3가지 메뉴를 결정할 때도 이유가 분명해야 하며, 그저 '별생각 없이' 골라서는 안 된다. 그 메뉴를 왜 선택했는지 이유를 생각하면서 신속하게 결정하는 것이 중요하다.

이때 주문한 3가지 메뉴가 모두 조리 시간이 오래 걸린다면, 그 결정은 좋지 않은 것이다. 처음에는 맥주를 마시면서 먹을 수 있도록 빨리 나오는 메뉴를 시키는 것이 바람직하다.

'술자리인데 그렇게까지 까다로울 필요 없잖아?'라고 생각할지도 모른다. 하지만 술자리에서 안주를 주문하는 소소한 것에서도 아무 생각 없이 대충 결정하지 말고, 명확한 이유를 생각하면서 바로 결정하는 연습을 해야 결정하는 능력이 점점 향상된다.

"나는 아무거나 다 좋아."라든가 "너한테 맡길게."가 아니라, 자신의 의견을 분명하게 밝히는 습관이 결정력 향상으로 이어진다는 사실을 기억하자.

"아무거나 괜찮아!"라고 말하는 건 상대의 가치관에 맡긴다는 뜻이다. 이런 식의 삶이 좋다면 상관없지만, 자신의 가치관에 따라 주체적인 삶을 살고 싶다면 무슨 일이든 자신의 의사를 밝히고 적극적으로 관여하는 자세가 매우 중요하다.

Point

음식을 주문하는 것도 결정 능력을 기르는 훈련이다.

05

언제까지 숨어 있을래?
피해 다녀 봤자 결국은 걸린다.

모임의 주도자가 되려 하지 않는다

스스로 모임의 주도자가 된다

나는 우리 회사 직원들의 결정 능력을 기를 수 있는 방법의 하나로, 직원들에게 번갈아 가며 회식이나 모임을 주도해서 준비하는 주도자의 임무를 맡긴다. 한 번이라도 전체 모임이나 회식을 맡아서 준비해 본 사람이라면 잘 알겠지만, 주도자 역할은 결코 쉽지 않다. 참가자의 인원수 확인과 일정 조정, 장소 물색, 가격 협상 등 결정해야할 일이 무척 많기 때문이다.

회식이나 모임을 준비할 때도 CHAPTER 3에서 소개한 '마케팅의 11가지 요소'가 모두 필요한데, 주도자 역할을 하는 동안 '마케팅의 11가지 요소'를 사용한 결정 방법을 자연스럽게 익힐 수 있다.

실제로 여러 모임을 기획해 보면 알겠지만, 이 요소를 의식하지 않고 결정하는 것과 의식하면서 결정하는 것은 난이도가 다르다는 것을 알 수 있다. 이 11가지 요소가 있으므로 결정해야 할 일을 빠뜨리지 않기 때문이다.

여행을 갈 때 가지고 갈 물건 목록이나 이사를 할 때 해야 할 일의 목록을 적어 준비해 본 적이 있는 사람이라면 이 방법이 얼마나 편리하고 유익한지 실감할 것이다.

'마케팅의 11가지 요소'는 올바른 결정을 위한 마법의 체크 리스트라고 할 수 있다.

만약 모임의 주도자를 맡는다면 한 번으로 끝내지 말고, 정기적으로 계속하기를 추천한다.

정기적인 주도자가 되면 지난번에 미흡했던 점을 개선하거나, 앞으로 더욱 즐거운 모임을 만들기 위해 여러 가지로 궁리하게 되기 때문이다.

이는 CHAPTER 3에서 소개한 '시간', '품질', '숫자'라는 '매니지먼트의 3가지 요소'를 실천하는 일과도 연결된다.

'시간'과 관련된 것으로는 모임의 시작과 끝내는 시간을 몇 시로 한다거나, 음료 무제한 90분을 120분으로 협상하는 일 등이 있고, '품질'에는 음식이 더 맛있거나 분위기가 좋은 식당을 찾는 일 등이 있을 수 있다. 그리고 '숫자'와 관련해서는 품질을 떨어뜨리지 않고 가격을 조금 더 낮출 수 있는지 협상하는 일 등이 있다.

이러한 일을 여러 번 하다 보면 모임 기획에 대한 경험이 많아져 참가자들의 만족도가 높은 모임을 기획하는 능력, 즉 모임 장소와 가격 결정을 잘하는 능력을 익히게 된다. 이런 경험은 회식이나 모임 외에 다른 일에도 응용할 수 있고, 이벤트 기획 등을 부탁받았을 경우에도 기획 내용에 대해 빠르고 올바른 결정을 내릴 수 있게 해 준다.

그리고 일에서도 빠르고 올바른 결정을 할 수 있다면, 당신이 목표로 하는 실적도 몰라보게 향상될 것이다.

Point

회식이나 모임 등에서 적극적으로 주도자가 되어 결정 능력을 키운다.

뭐가 좋은지, 뭐가 나쁜지 팸플릿 무한 활용법

타인의 가치관을 알려 하지 않는다

다양한 가치관을 접하며
자신의 가치관을 뚜렷이 한다

아파트나 자동차, 여행 관련 팸플릿을 모으는 것도 결정 능력을 높이는 좋은 방법이다. '이런 것을 모으는 것으로 정말 결정력이 향상된다고?' 하고 의문을 갖는 사람도 많을 것이다. 물론 그저 모으기만 해서는 의미가 없고, 모은 팸플릿을 어떻게 활용하느냐가 중요하다.

그러면 어떻게 활용하면 좋을까?
먼저 수집한 팸플릿들을 비교하면서 자신이라면 어떤 아파트를 살지, 어떤 자동차를 고를지, 또 여행은 어디로 떠날지 생각해 보자.

그다음에 해야 할 중요한 작업은 <u>자신이 그것을 선택한 이유는 무엇인지, 그것을 선택한 기준은 무엇인지 생각해 보는 일이다.</u>

카탈로그를 모으는 대신에 백화점 등의 매장에서 상품을 둘러보는 것도 좋다.

넥타이는 무엇으로 할까? 구두는 어떤 것이 좋을까? 가방, 시계, 양복은 어떤 것으로 할까? 등등

이렇게 <u>선택의 이유를 명확히 짚으면서 결정하다 보면 자신의 가치관이 차츰 뚜렷하게 형성된다.</u>

가치관이 형성된다는 것은 자신의 내면에 명확한 기준이 생기는 것이고, 기준이 뚜렷하면 어떤 일을 결정할 때 신속하고 올바르게 할 수 있다. 즉 결정력이 향상된다는 뜻이다.

또한 이런 식으로 결정력을 높여 가는 동안에 다양한 가치관을 접하게 되어 자신의 가치관이 점차 뚜렷해지고, 무엇이 자신에게 가장 잘 맞는지 제대로 판단할 수 있게 된다.

많은 사람이 해외여행을 하게 되면서 비로소 자기 나라

의 좋은 점을 깨달았다고 하는데, 이런 경우도 좋은 예라고 할 수 있다.

직업이나 회사도 마찬가지다.

다양한 직업과 여러 회사를 보고 겪으면서 자신의 일과 회사의 좋은 점을 깨닫기도 한다.

이렇듯 결정하는 능력을 키우기 위해서라도 평소에 다양한 가치관을 접해 보기를 추천한다.

Point

다양한 가치관을 접함으로써 자신의 가치관을 뚜렷하게 할 수 있다.

07

거정만 하면 매일이 공포 영화

실패할까 봐 시도하지 못한다

실패를 대비한다

무언가 결정을 내릴 때 많은 사람이 '잘못된 결정이면 어쩌지?' 하며 불안해한다. 당신도 이러한 불안감 때문에 쉽게 결정을 내리지 못했던 경험이 있을 것이다.

불안감은 결정하는 데 방해 요소로 작용하므로 불안감만 없앨 수 있다면 결정력은 높아질 것이다.

그러면 어떻게 해야 불안감을 떨쳐 버릴 수 있을까?

이럴 때는 최악의 경우를 예상하고 있으면 매우 효과적이다. 다시 말해 <u>위험을 어디까지 감수할 것인지를 미리 생각해 두는 것이다.</u>

예를 들어 새로운 사업을 시작할지 어떨지 결정해야 하는 상황이라면, '적자액이 1억 원을 넘으면 이 사업에서 손을 떼겠다.'라는 식으로 철수 기준을 정해 두면 된다.

세미나를 개최할 때도 마찬가지다.

실제로 모집을 하지 않으면 몇 명이 참가할지 알 수 없는 경우가 많다. 그렇다고 해서 '세미나를 개최한다.'라는 결정을 내리지 않으면 다음 단계를 진행할 수 없으므로 우선 '한다.'라고 결정해야 한다.

다만, 세미나를 하지 않을 경우의 기준도 함께 정해 두어, 개최 2일 전까지 10명이 모이지 않으면 중지한다는 식으로 결정하면 된다.

주식 투자를 할 때도 마찬가지다.

매입한 주식의 주가가 상승할 때는 기쁘겠지만, 예상이 빗나가 주가가 하락할 수도 있다. 그러므로 매입을 결정할 때 하락을 대비해 매도할 기준선을 미리 결정해 두는 것이 중요하다. 즉, 어느 선까지 주가가 하락하면 팔겠다는 구체적인 기준을 정해 두지 않으면, 망설이는 사이에 주가가 떨어져 순식간에 큰 손실을 입을 수도 있다.

그렇다고 '주가가 떨어질까 두려워서 주식을 살 수 없다.'라고 생각한다면 절대로 주식 투자로 돈을 벌 수 없다. 그러므로 주가가 얼마까지 하락하면 과감히 팔겠다는 기준선을 명확하게 정해 놓은 투자가가 성공한다.

새로운 일을 시작할 때는 아무래도 불안감이 뒤따르기 마련이지만, 이렇게 미리 철수 기준을 정해 놓으면 막연한 불안감이 해소되어 결단을 내리기 수월해진다.

Point

실패를 대비하면 막연한 불안감이 해소되어 결정 능력이 향상된다.

08

자신의 책임감을 알지 못한다

자신의 책임감을 잘 알고 있다

결정 능력을 향상시키고 싶다면 스스로 자신의 자아상自我像을 분명하게 알아야 한다.

'나는 누구를 위해 살아가고 있는가?', '나는 무엇을 위해 일을 하고 있는가?' 하는 자신의 사명과 역할을 확실하게 인지하는 사람일수록 결단력이 있다는 것이다.

예를 들어 15센티미터 높이의 평균대 위에 너비 30센티미터, 길이 10미터인 철판을 흔들리지 않도록 안전하게 고정해 놓고, "이 철판 위를 걸어가십시오."라고 한다면, 당신은 걷기로 결정하는 데 얼마의 시간이 필요할까?

아마도 대부분 즉시 결정할 수 있을 것이다.

그렇다면 나란히 있는 50층짜리 두 건물의 옥상과 옥상을 연결해 놓은 똑같은 철판 위를 걸어가라고 하면 어떨까? 이때는 자칫 떨어져 죽을 수도 있다는 두려움 때문에 바로 건너겠다고 결정하는 사람이 극히 적을 것이다.

이번에는 건너편 건물에 화재가 발생했는데, 옥상에 어린 아이가 있다고 가정해 보자.

이럴 때 너비 30센티미터인 철판을 건너 아이를 구하러 가겠다고 바로 결정할 수 있을까? 이 또한 어려울지도 모른다.

하지만 만약 그 아이가 당신의 아이라면 어떨까?

아마도 당장 건너겠다고 결정하는 사람이 대부분일 것이다. 자신의 아이라는 걸 알아차린 순간, 단 1초의 망설임도 없이 '구해야 한다!'는 마음이 들기 때문이다.

앞에서 '자신의 사명과 역할을 알고 있는 사람일수록 결단력이 있다.'라고 한 것이 바로 이러한 경우다.

실제로 나 자신도 '교육 체제를 바꾸고, 국가 경제를 활성화해야 한다.'라는 사명감에 전국에서 세미나를 열기로 결정하고, 1년에 200회 이상 전국을 누비고 있다. 단순히 세미나 강사였다면 전국을 다니기에는 체력적으로 힘들기 때문에 그만두고 싶었을 것이다.

'나는 누구를 위해 살아가는가?', '무엇을 위해 이 일을 하고 있는가?' 하는 자신의 사명과 역할을 정확히 인식하고 있으면 결단력은 저절로 높아진다. 이렇듯 자신의 자아상을 확실하게 인식하는 것이 중요하다.

Point

자신의 사명과 역할을 정확히 인지하면, 결정 능력이 향상된다.

09

큰~것 주세요!

야, 그냥
물이나 가져와!

총각, 무리하지 말게나!

큰일만 하려고 하면, 골병든다.

큰일만 생각한다

눈앞의 작은 일도 성실히 해낸다

어떻게 하면 자신의 사명과 역할을 빨리 알아낼 수 있을까?

그것은 자신에게 주어진 눈앞의 일부터 최선을 다하는 것이다.

하지만 어쩌면 그 일이 당신의 사명과 역할이 아닐지도 몰라 최선을 다해도 원하는 결과를 얻지 못할 수도 있다.

그렇게 되면 당신은 그 일에서 제외되면서 다른 일을 맡게 될 것이고, 다시 새로운 일에 매진할 것이다. 이런 과정을 반복하는 동안에 당신은 비로소 자신의 사명과 역할을 만나게 될 것이다.

자신 있게 결정을 내리는 사람은 이러한 것을 알고 있기에 눈앞에 주어진 작은 일에도 최선을 다한다. 반면에 제대로 결정을 내리지 못하는 사람은 이 사실을 알지 못하고, 큰일만 생각해 눈앞에 놓인 소소한 일에는 최선을 다하지 않는다.

CHAPTER 3에서 예를 든 추신수 선수는 야구를 하는 것이 그의 역할이며 사명이다. 그렇다고 해서 그가 태어나면서부터 야구만 한 것은 아닐 것이다. 줄넘기, 달리기, 탁구, 축구 등 다양한 운동을 했을 테고, 그러는 동안 야구 선수의 길에 이르렀을 것이다. 만약 추신수 선수가 어릴 때 줄넘기나 달리기 등이 재미없다고 운동을 그만두었다면 오늘날의 추신수 선수는 없었을 것이다.

많은 사람이 대단한 결단을 내려야만 자신의 인생이 달라질 것이라고 생각한다. 하지만 '대단한 결정'이라는 거창한 포부 말고, 눈앞에 놓인 소소한 일을 진지하게 결정하고 행동하는 노력이 인생을 변화시킨다.

추신수 선수도 '나는 야구만 하겠다.'라고 결정하지 않고 '줄넘기를 해 보자.', '달리기를 해 보자.' 하고 작은 일도 진지하게 결정하고 열심히 하면서 야구를 하게 된 것이 아닐까?

당신도 마찬가지다. 눈앞에 놓인 사소한 일을 진지하게 결정하고, 결정한 것을 최선을 다해 성실히 한다면, 자신의 사명과 역할을 빨리 깨닫게 되어 당신의 인생은 저절로 활짝 열릴 것이다.

Point

거창한 일이 아니라, 눈앞의 소소한 일부터 진지하게 결정하고 최선을 다한다.

3가지만 묻고 답해도 인생 순항

어떻게 해야 할지 늘 망설인다

항상 3가지를 자문자답한다

끝으로 결정력을 높이는 데 도움이 되는 효과적인 방법을 소개하면 자신의 'wants', 'can', 'must'의 3가지를 명확하게 하는 일이다.

먼저 'wants'는 자신이 '하고 싶은 일(욕구)'이다. 하고 싶지 않은 일이라면, 그 일을 하기로 결정했다고 해도 의욕과 열정이 솟아나지 않기 때문에 무언가를 결정할 때는 반드시 '하고 싶은 일'이어야 한다.

사람들은 점심에 무얼 먹을지 결정할 때도 먹고 싶은 몇 가지 음식 중에서 고르고, 직업을 찾을 때도 하고 싶은 일 몇 가지 중에서 찾는다. 그리고 새로운 사업을 시작할 때도 하고 싶은 사업 중에서 선택하는 것이 중요하다.

실제로 빠른 결정을 위한 훈련 중 하나로, 일과 일상생활에서 자신이 '하고 싶다'고 생각하는 것을 100개 정도 헤아려 보는 방법이 있다. 당신도 직접 해 보길 바란다.

'can'은 자신이 '할 수 있는 일(능력)'이다.

자신이 할 수 있는 일을 파악해 두지 않으면, 어떤 일을 하겠다고 결정해도 실제로는 해내지 못할 수 있다. 특히 비즈니스에서는 자신이 할 수 없는 일을 하려다가 실패하는 경우가 많다. 그러므로 자신이 할 수 있는 일이 무엇인지 적어 보는 것이 좋다.

'must'는 자신이 '해야 하는 일(사명)'이다.

사명이 없으면 하겠다고 결정해도 응원해 주는 사람이나 협력자가 나타나지 않는다. 특히 비즈니스를 할 때는 한 사람의 능력으로는 한계가 있기 때문에 응원자 또는 협력자가 많아야 좋다. 자신의 사명을 깨닫기는 쉽지 않지만, 앞에 소개한 내용을 참고로 자신의 사명이 무엇인지 꼽아 볼 수 있다.

이 3가지가 명확하면 어떤 일을 결정할 때 망설이지 않고 해낼 수 있으니 시간이 날 때 목록을 만들어 두길 권한다. **(표 5)**

표 5 | 3가지 목록

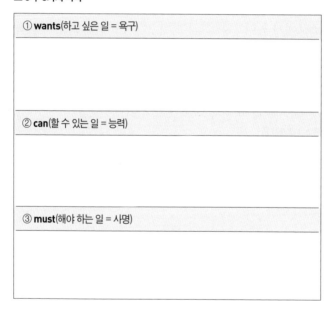

① **wants**(하고 싶은 일 = 욕구)
② **can**(할 수 있는 일 = 능력)
③ **must**(해야 하는 일 = 사명)

결정 능력이 있는 사람은 이 3가지를 항상 스스로에게 묻고 답하면서 목록을 만들어 두고서 언제나 신속하고 올바른 결단을 내린다.

- 이것은 내가 하고 싶은 일인가?
- 이것은 내가 할 수 있는 일인가?
- 이것은 내가 해야 하는 일인가?

이 3가지 질문은 인생에서 매우 중요한 것이니 항상 스스로에게 물어보자. 그리고 이 3가지 조건을 모두 만족하는 일을 선택하고자 노력하면 당신의 인생은 반드시 원하는 방향으로 잘되어 나갈 것이다.

표 6 | 3가지 원

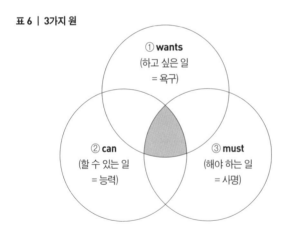

point

wants, can, must의 3가지 질문을 자신에게 던져 본다.

review

- **문제에 부딪혔을 때,**

  먼저 내가 결정할 일과
  다른 사람의 도움이 필요한 일로 나누어 생각한다.

- **단순히 결정만 하는 것이 아니라,**

  결과를 검증해 나가는 것이 중요하다.

- **결정한 일을 재검토하면,**

  인생의 무대를 더 높은 곳으로 끌어올릴 수 있다.

- **음식을 주문하는 것도**

  결정 능력을 기르는 훈련이다.

- **회식이나 모임 등에서 적극적으로 주도자가 되어**

  결정 능력을 키운다.

- **다양한 가치관을 접함으로써**

  자신의 가치관을 뚜렷하게 할 수 있다.

- **실패를 대비하면**

  막연한 불안감이 해소되어 결정 능력이 향상된다.

◉ **자신의 사명과 역할을 정확히 인지하면,**

  결정 능력이 향상된다.

◉ **거창한 일이 아니라,**

  눈앞의 소소한 일부터 진지하게 결정하고
  최선을 다한다.

◉ **wants, can, must의 3가지 질문을**

  자신에게 던져 본다.

CHAPTER 5

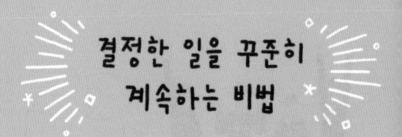

결정한 일을 꾸준히
계속하는 비법

01

알아도 하지 않으면 결국 모르는 거다!

계속하기 힘들다

계속하는 방법을 알고 있다

　지금까지 '결정한다'는 것에 대해 이야기했는데, 사실 결정한다는 것은 내가 원하는 성공을 위한 하나의 단계에 지나지 않는다. 확실하게 성공하기 위해 결정 능력을 높이는 일이 분명히 중요하지만, 그것만으로 성공할 수 있는 것은 아니다.

　그러면 내가 생각하는 성공의 단계는 무엇일까?

　지금까지 보아 온 수많은 경영자 중에서 성공한 사람들은 대부분 다음의 4가지 단계를 실천하고 있었다.

표 7 | 성공을 위한 4단계

① '인지하다'는 모든 일의 출발점이다.

옆자리에 자신의 이상형이 앉아 있다 해도 그 사실을 깨닫지 못하면 말을 걸 수 없다. 비즈니스도 마찬가지로, 이런 상품이 잘 팔릴 것 같다고 깨닫는 데서 모든 일이 시작된다.

② '결정하다'와 ③ '실행하다'는 한 쌍으로 움직인다.

앞에서도 이야기했듯이 결정하고도 실행하지 않는다

면, 단지 결정했다고 생각하고 있을 뿐이다. 결정한 일은 행동으로 옮겨야만 의미가 있다.

④ '지속하다'는 특히 중요하다.

다이어트를 위해 조깅을 하기로 결정했어도 계속하지 않으면 성공할 수 없듯이, 일단 결정한 일을 계속할 수 있느냐 없느냐가 성공에 이르는 최대의 관건이다.

그런데 많은 사람이 계속하기를 힘들어한다. 머리로는 무엇이든 꾸준히 계속하는 것이 중요하다는 것을 너무나 잘 알고 있는데도, 실제로 실행하려고 하면 좀처럼 지속하기가 어렵다.

이처럼 '아는 것'과 '하는 것'은 다르다.

그래서 CHAPTER 5에서는 결정한 일을 꾸준히 계속해 나가기 위한 방법을 소개하고자 한다.

Point

성공한 사람은 '인지하다, 결정하다, 실행하다, 지속하다'의 4단계를 실천한다.

조용조용,
모두 같이 가야 돼!

저요.
저만 데려가요.

애 말고 저!

제가 제일
중요해요.

'시간', '품질', '숫자'
→ 빼먹지도, 까먹지도, 차별하지도 말자!

매니지먼트를 알지 못한다

'매니지먼트의 3가지 요소'를 알고 있다

CHAPTER 3에서 어떤 일을 결정할 때의 비결은 '마케팅의 11가지 요소'이며, 결정한 뒤 세부적인 사항을 조정할 때 도움이 되는 것은 '매니지먼트의 3가지 요소(시간, 품질, 숫자)'라고 했는데, 이 매니지먼트의 3가지 요소가 결정한 일을 '계속하기' 위한 비결이다.

'계속하다'는 것이 어렵다고 생각하겠지만, '계속하다'라는 것은 바꾸어 말하면 '결정하기'의 반복이다.

데이트를 한다고 할 때, 그때마다 데이트 계획을 결정하는 것이 마케팅이고, 그 뒤에 좋은 관계가 유지되도록 데이트의 만족도를 높여 가는 것이 매니지먼트다. 그러므로 두 번 데이트를 하고서 세 번째 데이트 신청을 거절당했다면 매니지먼트 능력이 낮았다고 볼 수 있다.

매니지먼트는 '시간', '품질', '숫자'가 균형을 이루는 일이라고 설명했는데, 위의 데이트를 예로 살펴보자.

먼저 시간이다. 만약 첫 데이트가 오후 7시부터 11시까지였고, 두 번째 데이트는 오후 9시부터 12시, 세 번째 데이트는 오후 11시부터 새벽 1시로 바뀌었다고 가정해 보자. 약속 시각도 점점 늦어지고 데이트 시간도 줄어든다면 상대는 어떤 기분이 들까? 아마 소홀히 대하는 것 같아서 기분이 언짢을 것이다.

품질은 어떨까? 첫 데이트 때에는 음식이 매우 맛있는 식당에 갔지만, 만남을 거듭할수록 점점 맛없는 식당으로 간다면 그 또한 속상할 것이다.

숫자도 마찬가지다. 첫 데이트 때는 10만 원짜리 코스 음식을 주문했는데, 만날 때마다 8만 원, 6만 원으로 가격이 점점 내려간다면 이 또한 썩 유쾌하지는 않을 것이다.

물론 만날 때마다 시간, 품질, 숫자의 수준을 올리기란 쉽지 않고, 계속해서 수준을 올려야 하는 것도 아니다.

단지 시간과 품질, 숫자의 균형을 잘 맞추면 된다. 음식의 가격이 점차 내려간다 해도 8만 원인 가게가 10만 원인 가게보다 분위기가 좋거나, 6만 원인 가게가 8만 원인 가게보다 맛이 더 좋다면 상대도 만족할 것이다.

그러므로 음식 맛의 수준을 유지하기 어렵거나 데이트 시간을 생각만큼 확보하지 못한다면 <u>더 맛있는 가게를 찾으려고 노력한다든지, 적절한 시간대에 만날 수 있도록 노력하는 것이 '매니지먼트의 능력'이다.</u>

이처럼 3가지 균형을 잘 맞추어 상대의 만족도를 높일 수 있다면 만남을 지속할 수 있을 것이다.

일도 마찬가지다.

손님이 많은 가게나 매출이 점차 오르는 회사는 '매니지먼트의 3가지 요소'의 균형을 잘 맞추면서 고객에게 지속적으로 만족을 주는 것이 분명하다.

Point

어떤 일을 꾸준히 계속해 나가는 사람은 '매니지먼트의 3가지 요소'의 균형을 잘 맞추고 있는 것이다.

03

목표는?

3개월 후
70kg!

난 터미네이터처럼!

목표는 정확하게, 창작하지 말고!

막연하게 목표로 나아간다

성공의 체크 포인트를 안다

성공하기 위해서는 인지하고, 결정하고, 실행하고, 지속하는 4단계가 무척 중요하지만, 그것만으로는 성공할지 어떨지 알 수 없다. 그렇다면 성공하는 사람과 성공하지 못하는 사람은 어떤 점이 다를까?

A와 B가 있는데, 두 사람 모두 다이어트를 하고 싶어 한다. 지금부터 두 사람의 결심을 서로 비교해 보겠다. A와 B 중 누가 다이어트에 성공할 것 같은지 맞추어 보자.

먼저 A는 "날씬해지고 싶어!"라고 하고, B는 "48킬로그램이 되고 싶어."라고 말한다. 두 사람 중 누가 다이어트에 성공할 것 같은가? 아마도 B일 것이다. 왜냐하면 B는 48킬로그램이라는 '명확한 이상理想'이 있기 때문이다.

다음으로 A는 "지금 내 몸무게가 몇 킬로그램인지는 모르지만, 48킬로그램이 되고 싶어!"라고 하고, B는 "지금 나는 58킬로그램인데, 48킬로그램이 되고 싶어!"라고 말하는 경우, 어느 쪽이 다이어트에 성공할 것이라고 생각하는가? 이 또한 B일 것이다.

왜냐하면 '정확한 현재의 상황을 파악'하고 있기 때문이다.

이번에는 A가 "빨리 살을 빼고 싶어!"라고 말하고, B는 "3개월 뒤에는 날씬해지고 싶어!"라고 말했을 때, 누가 다이어트에 성공하겠는가? 이번에도 B다.

왜냐하면 '적절한 기한'을 설정했기 때문이다.

'기한을 정하는 것은 중요하다.'라고 말했는데, 단순히 '기한을 정하는' 것이 아닌 '적절한 기한을 정하는' 것이 중요하다.

만약 A가 현재 58킬로그램인데 5시간 만에 10킬로그램을 뺀다고 하거나, 반대로 20년 뒤에 10킬로그램을 뺄 거라고 한다면, 그것은 희망 사항일 뿐이다. 이처럼 기한은 너무 짧아도, 그렇다고 너무 길어도 의미가 없다.

여기서 중요한 것은 '명확한 이상', '정확한 현재 상황 파악', '적절한 기한'이라는 말에서 알 수 있듯이, '명확한', '정확한', '적절한'이라는 형용사가 붙어 있다는 사실이다.

그 밖에도 중요한 것은 또 있다.

A는 "지금은 58킬로그램이지만 3개월 뒤에 48킬로그램이 되고 싶어. 오늘 체중계에 올라가고, 다음은 3개월 되기 하루 전에 올라가겠어."라며 몸무게를 두 번만 재겠다고 한다.

반면에 B는 "지금은 58킬로그램이지만 3개월 뒤에는 48킬로그램이 되고 싶어. 그래서 오늘부터 날마다 체중계에 올라가 내 몸무게를 확인할 거야!"라고 한다. 이 경우에는 누가 다이어트에 성공할 것 같은가?

역시 B다. 왜냐하면 '정기적인 확인'을 하고 있기 때문이다.

다음으로 A는 "나는 48킬로그램이라는 숫자를 목표로 하고 있어!"라고 하고, B는 "나는 파란색 드레스를 입으려고 48킬로그램을 목표로 하고 있어!"라고 말한다. 이 경우에는 누가 성공할까?

이번에도 역시 B다.

나는 파란색 드레스를 '형식적인 목적 또는 목표'라고 부르는데, 이렇게 눈에 보이는 목표가 있으면 단순히 숫자만 목표로 삼았을 때보다 성공률이 높아진다.

현재 당신이 하는 일에서 설정한 목표가 단순히 숫자뿐이고, 그 숫자를 좇는 것밖에 생각하지 못한다면, 안타깝게도 지금 당신은 A와 같은 상태라고 할 수 있다. 숫자를 목표로 세우는 것만으로 만족해서는 안 된다.

다시 A가 "파란색 드레스를 입기 위해 48킬로그램을 목표로 하겠어."라고 말하고, B는 "파란색 드레스를 입고 친구의 결혼식에 참석하기 위해 48킬로그램을 목표로 하고 있어."라고 말한다. 이번에는 어느 쪽이 성공할까?

이 경우에도 B라고 할 수 있다.

위에서 말한 '형식적인 목적 또는 목표'라고 표현한 것은 이것이 '진짜 목적 또는 목표'이기 때문이다.

B의 진짜 목표는 결혼식에서 주목받는 것이며, 이 목표를 달성하기 위해 꼭 파란색 드레스여야만 하는 것은 아니다. 결혼식에서 주목받고 싶다는 진짜 목표를 이루기 위해서라면 노란색 드레스든 핑크색 원피스든 상관없으며, 그 밖의 선택지도 많이 있을 것이다. 형식적인 목표인 파란색 드레스는 진짜 목표를 달성하기 위한 하나의 수단일 뿐이다.

마지막으로 "결혼식에 참석하기 위해 살을 뺄 거야."라고 말하는 A와 "결혼식에서 좋은 남자를 만나고 싶어서 살을 뺄 거야."라고 말하는 B 중에서 누가 다이어트에 성공하겠는가?

이 경우에도 B의 성공 확률이 높다.

왜냐하면 B는 신랑 친구들 중에서 마음에 드는 남자 친구를 만나고 싶다는 '강한 동기'를 가지고 있기 때문이다.

이와 같이 다이어트뿐만 아니라 어떤 일에서 성공하느냐 아니냐는 다음의 7가지 체크 포인트가 얼마나 명확한 가에 따라 결정된다.

　명확한 이상 / 정확한 현재 상황 파악 / 적절한 기한 / 정기적인 확인 / 형식적인 목적 또는 목표 / 진짜 목적 또는 목표 / 강한 동기

　이 7가지 가운데 한 가지라도 결여되면 성공할 확률이 낮아지거나, 성공하기까지 시간이 오래 걸릴 수 있으니 주의하기 바란다.

Point

성공하는 사람은 7가지의 중요한 체크 포인트를 알고 있다.

표 8 | 성공하기 위한 7가지 체크 포인트

- ◯ 명확한 이상이 있는가?

- ◯ 현재의 상황을 성확하게 파악하고 있는가?

- ◯ 적절한 기한을 설정했는가?

- ◯ 정기적으로 확인하고 있는가?

- ◯ 목적 또는 목표를 달성하기 위한 수단은 무엇인가?

- ◯ 진짜 목적 또는 목표는 무엇인가?

  (현실적으로 이루고 싶은 것은 무엇인가?)

- ◯ 강한 동기가 있는가?

  (감정 면에서 얻고 싶은 것은 무엇인가?)

입방정이 도움될 때도 있다.

결정한 것을 주변에 말하지 않는다

계속하지 않을 수 없게 자신을 몰아넣는다

결정한 일을 행동으로 옮기고, 그것을 계속해 나가는 데 효과적인 방법 중 하나는 계속하지 않을 수 없는 상황으로 자신을 몰아넣는 것이다. 이는 마치 커다란 개에게 쫓길 때 물리지 않기 위해 죽어라 달리듯이, 그러한 상황을 스스로 만들라는 뜻이다.

그러면 구체적으로 어떻게 해야 할까?

가장 좋은 방법은 선언을 하는 것이다. 만약 다이어트를 결심했다면 그 사실을 주변 사람들에게 알리는 것이다. 결정을 잘하지 못하는 사람은 실패했을 때를 생각해서 주변에 말하지 않지만, 자신 있게 결정을 내리는 사람은 자신의 결심을 주변에 이야기하고 스스로를 다그친다.

혼자 속으로 생각하기만 하면 의지가 강한 사람이 아닌 이상, 좀처럼 오래 계속하지 못한다. 하지만 주변 사람들에게 선언을 하면 체면도 있고, 실패하면 창피하다는 생각 때문에 목표한 결과가 나올 때까지 계속하고자 하는 욕구가 강해진다.

다만 선언을 할 때는 구체적으로 말해야 한다는 점을 잊지 말아야 한다.

예를 들어 다이어트를 하겠다고 선언할 때는 단순히 '다이어트를 하겠다.'라고만 하지 말고 '언제까지, 어떤 방법으로, 몇 킬로그램을 줄이겠다.'라고 구체적으로 선언해야 한다.

이때 중요한 것은 CHAPTER 3에서 소개한 '마케팅의 11가지 요소'를 의식하면서 선언하는 것이다. 요즘은 블로그나 SNS 등이 있어 다른 사람들에게 자신의 결심을 쉽게 알릴 수 있다.

자신의 꿈이나 비전이 명확하고, 그 꿈과 비전을 향해 바로 나아갈 의지가 강한 사람은 굳이 선언을 하지 않아도 좋다. 하지만 스스로 의지가 약하다고 생각하는 사람은 자신을 다그치기 위해서라도 꼭 선언하는 방법을 활용해 보자.

Point

계속하지 않을 수 없도록 '마케팅의 11가지 요소'를 의식하면서 구체적으로 선언한다.

05

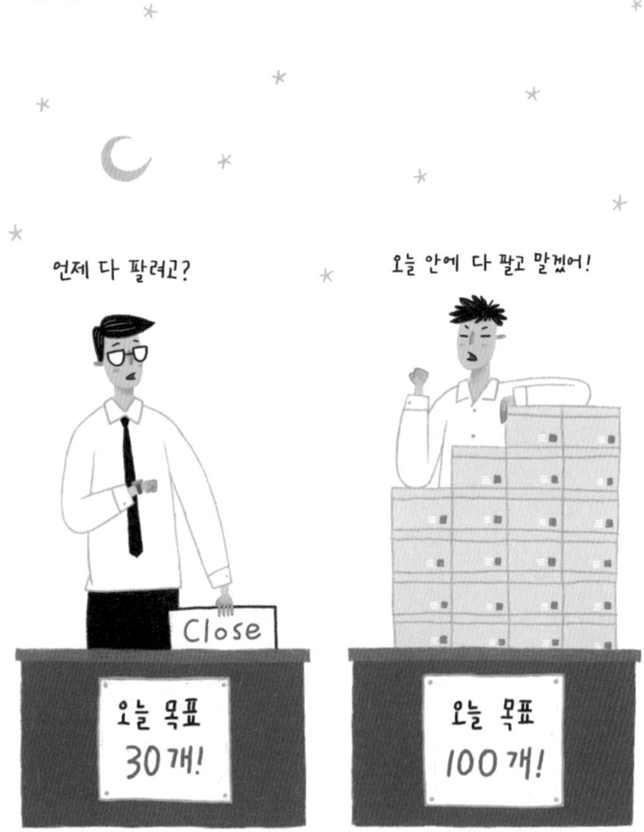

맘 먹는다고 다 되는 건 아니지...

처음부터 높은 목표를 세운다

가능한 한 목표를 낮추어 도전한다

'오늘부터 하루에 스쿼트를 50번씩 할 거야!' 하고 결정했지만 작심삼일로 끝나고 만 경험이 있을 것이다.

나도 그런 경험이 있다. 텔레비전에서 권투 경기를 보면서 '좋았어, 나도 권투로 몸을 단련해야지!' 하며 광고가 나오는 동안 스쿼트를 했다. 그리고 '매일 밤 스쿼트를 50번씩 하자!' 결정하고 실제로 실행하기 시작했다.

그런데 술 약속이 있는 날에는 '오늘은 하루 쉬고, 내일부터 하면 되지.'라며 건너뛰는 날이 생기기 시작했다. 하지만 하루를 쉬는 것은 망하는 지름길로, 하루가 이틀이 되고, 이틀이 사흘이 되다가 곧 그만두게 되었다.

그러고 나서도 텔레비전에서 권투 경기를 보는 날엔 또 다시 결심하고 스쿼트를 시작했는데, 지난번에 얼마 못하고 그만두었다는 생각에 스스로 한심했다. 그래서 벌칙을 주는 의미로 이번에는 60회로 횟수를 늘렸다.

하지만 결국 지난번과 마찬가지로 술을 마시고 온 날은 거르게 되고, 그날을 계기로 또 중단하고 말았다. 실제로 이런 일이 여러 번 되풀이되었다.

'이렇게는 도저히 안 되겠다.'라는 생각이 들어, 목표치를 과감히 낮추었다. 많은 사람이 결심한 일을 계속하지 못하는 이유는 처음부터 목표를 너무 높게 잡았기 때문이다. 나도 마찬가지였다. 그래서 이번에는 횟수를 하루에 1회로 변경했다. 그랬더니 술을 마신 날에도 계속할 수 있었다. 가뿐하게 1회씩 계속하게 되자, 이번에는 횟수를 늘리고 싶어졌다. 그래서 2회, 3회로 서서히 횟수를 늘려 갔다. 그 결과, 예전에 작심삼일이 되고 말았던 스쿼트 50회를 날마다 계속할 수 있게 되었다.

비즈니스도 마찬가지다. 예를 들어 경험이 적은 직원에게 하루 30건의 방문 영업, 또는 하루 100건의 텔레마케팅을 하라고 높은 목표치를 주면 그 사람은 머지 않아 사표를 던질지도 모른다.

하지만 처음에는 목표를 낮게 설정하고 서서히 높여가면, 그 직원은 회사를 그만두지 않고 잘 적응해 나갈 것이다.

처음 창업을 할 때 1개월의 매출 목표를 1,000만 원 정도로 높게 설정하는 사람이 많다. 그러나 이럴 때 나는 월간 목표보다 1일 매출 목표, 이를테면 1일 10만 원이라는 낮은 목표를 세울 것을 추천한다.

목표가 낮으면 계속할 가능성이 높아지고, 열심히 하고자 하는 의욕도 솟아난다.

처음부터 목표를 높게 설정하지 않는 것이 오래 지속할 수 있는 비법이다.

Point

처음부터 목표를 높게 설정하지 않는다.

06

하는 김에 같이하는 것도 좋지 않을까!

하던 일만 단독으로 하려고 한다

습관화되어 있는 일과 병행한다

아침에 일어나면 화장실에 가고, 식사 후에는 이를 닦고, 회사에 도착하면 컴퓨터의 전원을 켜는 등 일상에서 습관이 된 일은 수없이 많으며, 이미 습관화되어 있는 행동은 특별히 의식하지 않아도 어느새 하고 있다.

이미 습관화된 행동에 새로 습관화하고 싶은 행동을 연동시키면, 결정한 일을 지속하는 데 무척 효과적이다.

내가 지금까지 20년 이상 스쿼트를 계속할 수 있었던 이유도 이 연동 방법을 사용했기 때문이다. 앞에서 이야기 했듯이 나는 스쿼트를 시작했다가 중단하는 시행착오를 여러 번 겪은 뒤, 횟수를 1일 1회로 줄임으로써 지속하는 데 성공했다.

그런데 1일 1회만 하다 보니 '스쿼트를 해야 한다.'라는 의식이 너무 낮아져서 스쿼트하는 것을 자꾸 잊게 되었다. 그래서 잊어버리지 않으려고 이미 습관화되어 있는 행동과 병행하기로 했던 것이다.

구체적으로 말하면, 나는 매일 아침 샤워를 하는 습관이 있는데, 이때 스쿼트를 함께 하기로 결정한 것이다. 그래서 날마다 샤워할 때 머리를 감으면서 스쿼트를 했고, 서서히 횟수를 늘려 지금은 하루에 80회씩 하고 있다.

더 이상 횟수를 늘리지 않은 이유는 머리를 감으면서 할 수 있는 스쿼트 횟수가 딱 80회 정도인 점도 있지만, 90회나 100회로 늘리면 횟수가 너무 많아 그만두고 싶은 유혹이 생길 것 같았기 때문이다. 내게는 80회가 스쿼트를 계속할 수 있는 상한선인 것이다.

횟수야 어찌 되었든 이미 습관화되어 있는 일과 습관화하고 싶은 일을 연동시키는 방법은, 새로운 일을 계속하는 데 매우 효과적이다.

당신도 무언가 계속하고 싶은 일이 있다면, 이미 습관화되어 있는 일과 함께할 수 있는 방법을 꼭 생각해 보길 바란다.

Point

습관화되어 있는 일과 연동해서 함께할 수 있는 일을 찾아 병행한다.

07

숫자가 이렇게나 중요한 줄 알았더냐!

주먹구구로 생각하는 경향이 있다

정확하게 수치화한다

어떤 일을 꾸준히 지속하려면 수치로 나타내는 것도 중요하다.

다이어트를 예로 들어 보자.

경험이 있는 사람은 잘 알겠지만, 다이어트를 시작하고 나서 조금씩이라도 몸무게가 줄면 다이어트를 계속해야겠다고 생각한다. 그러나 몸무게가 전혀 줄지 않거나, 오히려 늘어난다면 당장 다이어트를 포기할 것이다.

이처럼 사람은 자신이 하고 있는 일에 성과가 있으면 계속하려는 마음이 들지만, 성과가 없으면 지속할 의욕을 잃고 만다.

한편 성과가 있는지 없는지 잘 모르면서도 자신이 하려는 일을 계속하려는 사람이 있다. 하지만 이런 상태로는 좀처럼 지속하기 어렵다.

만약 집에 체중계 없이 다이어트를 시작했다면 어떨까? 식사 조절과 운동을 병행했는데도 체중계가 없기 때문에 몸무게가 줄었는지 어떤지 결과를 전혀 알 수 없다. 이런 상태에서 다이어트를 계속할 수 있을까?

결정한 일을 계속하기 위해서는 지금 자신의 상태를 파악하는 것이 중요하다.

다이어트를 하려면 지금 자신의 몸무게가 몇 킬로그램인지 정확하게 알아야 한다. 날마다 체중계에 올라가 몸무게를 재고 기록하는 것, 이것이 바로 '수치화한다'는 뜻이다.

일도 마찬가지다.

하루의 매출 목표와 한 달의 매출 목표를 세웠다고 해도 오늘 얼마나 팔았는지, 한 달 목표와의 차액은 얼마인지 날마다 꼼꼼하게 수치화해서 파악해야 한다. 그렇지 않으면 앞으로 얼마나 더 팔아야 하는지를 가늠할 수 없다.

주먹구구식으로 해서는 자신이 결정한 목표에 다다르지 못한다. 정말로 계속하고 싶은 일이라면 정확하게 수치화해서 확인하는 것이 중요하다.

당신의 꿈은 무엇인가?
당신은 무엇을 이루고 싶은가?
그러기 위해서 무엇을 결정하고, 무엇을 계속하는가?
지금 날마다 수치로 확인하고 있는 일은 무엇인가?

이렇게 함으로써 지금부터의 당신 인생이 결정된다.

Point
성과가 보이면 꾸준히 계속할 수 있다.

re
view

- **성공한 사람은 '인지하다, 결정하다, 실행하다, 지속하다'의**
  4단계를 실천한다.

- **어떤 일을 꾸준히 계속해 나가는 사람은**
  '매니지먼트의 3가지 요소'의 균형을
  잘 맞추고 있는 것이다.

- **성공하는 사람은**
  7가지의 중요한 체크 포인트를 알고 있다.

- **계속하지 않을 수 없도록 '마케팅의 11가지 요소'를**
  의식하면서 구체적으로 선언한다.

- **처음부터 목표를**
  높게 설정하지 않는다.

- **습관화되어 있는 일과 연동해서**
  함께할 수 있는 일을 찾아 병행한다.

- **성과가 보이면**
  꾸준히 계속할 수 있다.

자, 어떠한가?

'결정하다'라는 말의 진정한 의미를 이해했는가?

본문에서도 이야기했지만, 많은 사람들이 '결정하다'와 '생각하고 있다'를 혼동하고 있다. 결정했다고 생각만 했을 뿐, 실제로는 결정하지 않은 경우가 많다.

진정한 의미의 '결정'에는 행동이 따른다. '결정'과 '행동'은 한쌍으로 같이 움직이므로 행동이 따르지 않는다면 결정했다고 말할 수 없다. 단지 생각하고 있을 뿐이다.

'생각만 하고 있는' 상태를 '결정하기'로 바꾸고, 결정한 일을 '계속'해 나가면 당신이 바라는 행복과 성공을 만끽할 수 있다.

그리고 행복과 성공을 위한 비법의 근간을 이루는 것은 마케팅과 매니지먼트다.

구체적으로 '결정하기' 위한 비결은 '마케팅의 11가지 요소'이고, 결정한 것을 꾸준히 '계속'하는 데 필요한 비결은 바로 '매니지먼트의 3가지 요소'이다.

이 두 가지 비법을 실천한다면 당신이 하는 일은 극적으로 달라질 것이며, 일뿐만 아니라 인생도 크게 바뀔 것이다.

지금까지 당신이 '하자!' 하고 마음먹고도 제대로 실현하지 못했다면, 이는 '마케팅의 11가지 요소'를 모두 채우지 못했기 때문이다. 만약 이를 모르고 실현된 일이 있다고 해도 어쩌면 그것은 운이 좋아 11가지 요소가 채워졌을 뿐이다.

'마케팅의 11가지 요소'가 머릿속에 있으면 채워야 할 항목을 알고 있기 때문에 결정 속도가 확연히 빨라지고, 지금까지 매사에 별생각 없이 대충 결정했던 사람도 이 비법만 알면 신속하게 결단을 내릴 수 있다.

만약 결단을 내리는 데 3일이 걸렸다면 오늘부터는 하루 만에 결정할 수 있을 것이다. 그러면 지금까지보다 3배 빠르게 결정하는 셈이니 3배나 많은 일을 할 수 있다. 3일 걸리던 일이 하루에 가능하다면 3주 걸리던 일은 1주일 만에 가능하다는 뜻이고, 3개월 걸리던 일을 1개월 만에, 그리고 3년 걸리던 일을 1년 만에 할 수 있다는 의미이다. 이렇게 되면 당신의 인생은 얼마나 충실해지겠는가!

당신의 인생은 가속도가 붙게 될 것이고, 제대로 결정하지 못해 뒤처져 있던 지금까지의 인생도 바꿀 수 있다.

또한 '매니지먼트의 3가지 요소'의 균형을 잘 잡으면 결정한 일을 꾸준히 지속할 수 있으며, 지속할 수 있으면 결정한 일의 실현 속도가 더욱 빨라지므로 지금까지보다 더 빠르게 행복과 성공에 다가갈 수 있다.

이 책의 프롤로그에서도 이야기했듯이 '자신의 인생을 경영하는 사람은 바로 자신'이다.

당신의 인생을 성공으로 이끌기 위한 방향키를 쥔 사람은 어느 누구도 아닌 바로 당신 자신인 것이다.

현재 나는 일본 전역에서 '성공글방(成功塾)'이라는 실천 마케팅 세미나를 개최하고 있다. 이 강연에서 나는 자신의 가치관을 정하고, 그 가치관을 기준으로 결정해서 행동함으로써 행복해지는 비법과 함께 성공하기 위해 동료를 어떻게 결집시킬지를 주제로 하여 배움의 장을 제공하고 있다. 이곳에는 업종, 업태, 규모에 상관없이 다양한 기업의 경영자부터 직장인, 개인 사업자, 학생까지 많은 사람이 모인다.

직장인은 특히 스스로 자신의 인생을 경영하고 있다는 의식을 갖길 바란다.

'자신'이라는 상품의 가치를 어떻게 높이고, 어떻게 판매할 것인지 경영자의 시각으로 생각하는 것이 인생에서 매우 중요하다.

경영자는 '결정하는' 것이 일이며, 모든 것은 '결정하는' 데서 시작된다. 그 결정의 비법을 당신이 널리 사용할 수 있도록 이 책에 소개했다.

이 비법이 당신이 행복과 성공으로 한 걸음 다가가는 데 도움이 된다면 저자로서는 더없이 기쁠 것이다.

당신이 성공할 수 있기를 진심으로 바란다.

야규 다케토모

옮긴이 김윤경

한국외국어대학교를 졸업하고 일본계 기업에서 무역과 통번역을 담당하다가
일본어 전문 번역가로 활동하고 있으며, 현재 출판 번역 에이전시 〈글로하나〉를 꾸려
외서 기획 및 언어별 번역 중개 업무도 함께 하고 있다.
역서로는 『철학은 어떻게 삶의 무기가 되는가』, 『나는 단순하게 살기로 했다』,
『일이 인생을 단련한다』, 『인생 절반은 나답게』, 『돈의 진리』, 『불편한 사람과 편하게 대화하는 법』,
『결국 성공하는 사람들의 사소한 습관의 차이』 등 다수가 있다.

프로 결정러가 되기 위한 41가지 책팁
오늘부터 내가 결정합니다

초판 1쇄 인쇄 2020년 1월 3일
초판 1쇄 발행 2020년 1월 13일

지은이 아규 다케토모
옮긴이 김윤경
펴낸이 이욱상

개발총괄 김영지	**기획 · 책임편집** 정선민, 조성란
디자인 박상규, this-cover	**마케팅** 김영란, 박숙정, 김채현, 허도영
그림 이승환	**제작** 박홍진, 이철종

펴낸 곳 동아출판(주) 구층책방
신고번호 제 300-1951-4호
주소 서울특별시 영등포구 은행로30(우 07242)
전화 1644-0600

ISBN 978-89-00-45138-2(03190)

구층책방은 독자 여러분의 책에 관한 아이디어와 원고 투고를 기다리고 있습니다.
책 출간을 원하시는 분은 service@dong-a.com으로 간단한 개요와 취지, 연락처 등을 보내 주세요.